Anke Schöning, Astrid Krämer (Hrsg.)

Schulpraktische Studien 4.0

Chancen und Herausforderungen der Digitalisierung
bei der Ausgestaltung und der Begleitung
von Praxisphasen im Lehramtsstudium

Schriftenreihe der Bundesarbeitsgemeinschaft
Schulpraktische Studien

Band 12

Anke Schöning, Astrid Krämer (Hrsg.)

Schulpraktische Studien 4.0

Chancen und Herausforderungen
der Digitalisierung bei der Ausgestaltung
und der Begleitung von Praxisphasen
im Lehramtsstudium

Leipziger Universitätsverlag GmbH
2019

Bibliografische Information Der Deutschen Bibliothek

Die Deutsche Nationalbibliothek verzeichnet diese Publikation in der Deutschen Nationalbibliografie; detaillierte bibliografische Daten sind im Internet über http://dnb.d-nb.de abrufbar.

Satz und Layout: Satzstudio Holzinger, Leipzig-Holzhausen
Druck: docupoint GmbH Barleben

ISBN 978-3-96023-254-4

Inhalt

2.3 Digitalisierung im Lehramtsstudium

3. In eigener Sache

Editorial

Die Digitalisierung ist allgegenwärtig und auch das Bildungssystem muss auf den damit einhergehenden gesellschaftlichen Wandel reagieren. So haben die Kultusminister der Länder Ende 2016 mit der gemeinsamen Strategie *Bildung in der digitalen Welt* Kompetenzen formuliert, die Schülerinnen und Schüler im Verlauf ihrer Schullaufbahn erworben haben sollen, um angemessen auf die digitale Welt vorbereitet zu sein. Damit stehen Lehrkräfte vor neuen Aufgaben, die häufig jenseits ihrer eigenen Medienkompetenz liegen. Insbesondere mit Blick auf die Qualifizierung künftiger Lehrkräfte stehen auch die Hochschulen bei der Ausgestaltung der Lehramtsstudiengänge vor neuen Herausforderungen. Bildungspolitisch forciert wird das Thema in der zweiten Förderphase des Bund-Länder-Programms *Qualitätsoffensive Lehrerbildung* mit dem Förderschwerpunkt ‚Digitalisierung in der Lehrerbildung'.

Der digitale Wandel beeinflusst das Lehren und Lernen in Hochschule und Schule. Mit dem Einzug digitaler Medien in die Klassenzimmer verändert sich der bis dato gelebte Präsenzunterricht und führt zu einem geänderten Lehr-Lernverhältnis, das bereits im Lehramtsstudium eingebunden und in ihm erprobt werden muss. An Lehrerinnen und Lehrer werden neue Anforderungen gestellt – genauso wie an ihre Aus- und Weiterbildung. Gefordert ist eine medienpädagogische Kompetenz für den didaktisch geleiteten Medieneinsatz sowie die erzieherische Auseinandersetzung mit Medien. Lehrkräfte wie auch Schülerinnen und Schüler müssen Medien verstehen, hinterfragen und gestalten können.

Schulpraktische Studien bieten einen doppelten Zugang zum Thema *Digitalisierung*. Zum einen eröffnen digitale Medien neue Möglichkeiten der Begleitung von Praxisphasen im Rahmen der Theorie-Praxis-Verknüpfung und Reflexion schulpraktischer Erfahrungen. Zum anderen kann der pädagogisch-didaktische Einsatz digitaler Medien in Schule und Unterricht in der Praxisgestaltung erprobt werden.

Die Tagung der Bundesarbeitsgemeinschaft für Schulpraktische Studien (BaSS) am Zentrum für LehrerInnenbildung der Universität zu Köln widmete sich im September 2018 deshalb der Frage, wie sich medienpädagogische Kompetenz von Lehramtsstudierenden in den

Praxisphasen sowie im Lehramtsstudium allgemein fördern lässt. Hier spielte der didaktische Doppeldecker E-Portfolio eine ebenso wichtige Rolle wie innovative Projekte in der Begleitung der Praxisphasen und der Fächer, aus denen konkrete schulische Ausgestaltungsmöglichkeiten resultieren können.
Im vorliegenden Band werden die Themen aus den Vorträgen und Workshops der Tagung aufgegriffen und vertieft. Dabei werden die Chancen und Herausforderungen der Digitalisierung mit Blick auf Schulpraktische Studien und das Lehramtsstudium allgemein beleuchtet.

1. Zunächst eröffnen zwei Beiträge einen ***Überblick zum Thema***. Michael Kaden skizziert rückblickend wie auch zukunftsweisend die Entwicklung der Digitalisierung in Schule und Bildung und nimmt dabei besonders den 2016 verabschiedeten Kompetenzrahmen in den Blick, der für alle Bundesländer Gültigkeit hat. Daran anknüpfend bietet Alexander Martin Vorschläge für die Umsetzung von digitalen Elementen im Fachunterricht an, die Lehrkräften konkrete Handlungsideen liefern, indem die Zielkompetenzen von Schülerinnen und Schülern in einer digital vernetzten Welt anhand eines fiktiven Szenarios betrachtet werden.

2. Wie vielfältig das Thema *Digitalisierung* an den einzelnen Standorten bereits aufgegriffen wird, zeigen die ***Einblicke in konkrete Ausgestaltungen und Umsetzungen***. Zu Beginn werden in drei Beiträgen *digitale Möglichkeiten zur Begleitung und Reflexion Schulpraktischer Studien* vorgestellt. Mechthild Wiesmann beschreibt die Erstellung digitaler Lernmodule zum Einsatz in der Begleitung von Praxisphasen mit besonderem Fokus auf den Bereich Forschendes Lernen und widmet sich so einem Dauerbrenner insbesondere im Rahmen von Praxissemestern. Dass das Thema Digitalisierung auch mit Blick auf die Internationalisierung der Lehrerbildung große Relevanz besitzt, zeigt der Beitrag von Andreas Hänssig und Matthias Munsch. Ein digitales Blended Learning Konzept ermöglicht die Begleitung von Studierenden während der Praxisphasen im Ausland sowie den Austausch mit den betreuenden Lehrkräften an den Schulen im Ausland. Alexander Pfeiffer beleuchtet die Chancen von Videographie in der Begleitung von Praktika und benennt konkrete

Möglichkeiten des Einsatzes. Videographierter Unterricht dient als Grundlage für intensive und individuelle Nachbesprechungen und kann als Vignette in Lehrveranstaltungen eingesetzt werden, um fallorientiert Praxiserfahrung zu analysieren. Die beiden folgenden Beiträge zeigen *digitale Ausgestaltungsmöglichkeiten für den schulischen (Fach)Unterricht.* Für die Praxisphasen im Lehramtsstudium stellt Henning Host die Ausgestaltung von Projektseminaren vor, die Studierenden die Möglichkeit bieten, digitalen Content für den schulischen Unterricht zu erstellen. Tools für den Chemie- und Biologieunterricht stellen Carsten Hoffmann, Gabriele Hornung, Carola Nieß und Christoph Thyssen vor. Im Seminar Medien2Go nehmen die Studierenden mit Blick auf den unterrichtlichen Einsatz von Smartphones und Tablets die Perspektive von Lehrkräften wie auch von Schülerinnen und Schüler ein und verknüpfen so die Perspektive der Erstellenden mit denen der Anwendenden. Welche hochschuldidaktischen Möglichkeiten an den Standorten umgesetzt werden, zeigen die Beiträge zur *Digitalisierung im Lehramtsstudium.* Als Open-Source-Plattform für die Erstellung elektronischer Portfolios nutzen Julia Nebhuth, Birgit Strifler, Vanessa Cordes-Finkenstein und Christine Preuss das System Mahara. Dabei werden Einsatzmöglichkeiten wie auch Grenzen der Plattform aufgezeigt. Übergreifende digitale Tools für das Lehramtsstudium werden im Portal digiLL_NRW erarbeitet, das Björn Bulizek und Mechthild Wiesmann vorstellen. Das Verbundprojekt vernetzt digitale Lehr- und Lernangebote sowohl hochschul- als auch lernortübergreifend und versteht sich als Reaktion auf die Herausforderungen der Digitalisierung im Bildungsbereich. Das Zertifikatsprogramm ‚meko:bus – Medienkompetenz in Bildung und Schule' stellen Kristine Trenkenschu und Sandra Winheller vor. Es ermöglicht Lehramtsstudierenden studienbegleitend den Erwerb wichtiger Kompetenzen in den Bereichen Umgang und Einsatz von digitalen Medien. Zum Abschluss präsentiert Barbara Kranz ein Didaktik-Wiki, von dem Lehrende und Studierende profitieren und diskutiert kritisch die Möglichkeiten der Weiterentwicklung.

3. Der Vorstand der BaSS hat sich im Zuge der Neustrukturierung auch mit grundsätzlichen Fragen der Art und Weise der Zusammenarbeit im Rahmen der Arbeitsgemeinschaft verständigt. Jutta Walke stellt für den Vorstand ***In eigener Sache*** die Überlegungen zum Selbstverständnis der BaSS vor, die auf der BaSS-Tagung 2018 verabschiedet wurden. Ausformuliert werden das grundlegende Verständnis von Schulpraktischen Studien, der Vernetzungsgedanke sowie Ziele, Aufgaben und Strukturen der BaSS.

Wir wünschen allen Leserinnen und Lesern, dass sie mit diesem Band inspirierende Ideen für die (Weiter-) Entwicklung und Gestaltung sowie für den Einsatz digitaler Elemente in der Lehrerbildung erhalten. Unser Dank gilt den Autorinnen und Autoren dieses Bandes, die mit ihrer Expertise Chancen und Herausforderungen der digitalen Prozesse im Bildungsbereich beleuchten.

Anke Schöning & Astrid Krämer, Februar 2019

1. Überblick zum Thema

Michael Kaden

Die föderale Bildungslandschaft auf dem Weg in die digitale Welt

In dem Beitrag wird die Genese der bildungspolitischen Diskussion über ‚Bildung in der digitalen Welt' in der föderal geprägten Bundesrepublik Deutschland bis in die 1990er-Jahre zurückverfolgt. Dargestellt wird die Rolle von Medienpädagogik und Medienbildung als Katalysatoren eines gesellschaftlichen, durch Digitalisierung bedingten Transformationsprozesses, dessen weiterer Verlauf offen ist.

1. Internet und Medienpädagogik im vereinten Deutschland – Die Anfänge

Tim Berners-Lee, ein Pionier des Hypertextes, entwickelte ab 1989 am CERN bei Genf den ersten Webbrowser und -editor unter dem Namen WorldWideWeb. Eingelagerte Grafiken öffneten sich noch nicht automatisch, sondern mussten erst angeklickt werden. Größere Verbreitung fand wenige Zeit später, 1993, der Browser NCSA Mosaic, eine Software mit grafischer Benutzeroberfläche und sich automatisch vollständig aufbauendem Seitendesign (vgl. https://de.wikipedia.org, aufgerufen am 26.12.2018). Marc Andreessen, Leiter des Entwicklerteams Mosaic, erkannte die kommerziellen Möglichkeiten des Internets und gründete Netscape Communications. Das Unternehmen brachte seinen Navigator im Oktober 1994 auf den Markt. Er war ein gegenüber NCSA Mosaic verbesserter Webbrowser mit schnellerem Seitenaufbau. Mit Netscape begann das exponentielle Wachstum des Internets. Die Entwicklung führte zu einer rasanten Integration und Absorption klassischer Formate massenmedialer Kommunikation in einen digitalen, netzbasierten Kontext. Die Möglichkeiten datengestützter Kommunikation veränderten schnell die Rahmenbedingungen von Bildung.

In der gerade vereinten Bundesrepublik der 1990er-Jahre wirbelte die multimediale Welle die Fachdiskurse durcheinander. Emanzipatorische Medienpädagogik in der Tradition von 1968 (West) traf auf bürgerrechtsbewegte Medienpädagogik, die in der Spätphase des real existierenden Sozialismus stringente Konzepte von Gegenöffentlich-

keit entwickeln konnte. Der Begriff Medienkompetenz war in den 1970er-Jahren (West) durch den Erziehungswissenschaftler und Medienpädagogen Dieter Baacke eingeführt worden (vgl. https://www.medienkompetenzportal-nrw.de/grundlagen/begriffsbestimmung.html, aufgerufen am 31.12.2018). Mit dem Begriff verknüpfte Baacke das grundlegende Menschenbild eines selbstbestimmten und gesellschaftlich handelnden Subjekts. Er unterschied eine Differenzierung in vier Dimensionen: Medienkritik, Medienkunde, Mediennutzung und Mediengestaltung. Diesem handlungsorientierten Verständnis von Medienpädagogik stand die Community der Ingenieure gegenüber, diejenigen alter Informatiktradition (Ost und West) oder die neuartige Spezies subkultureller Hacker und Nerds.
Multimedia, das 1995 zum Wort des Jahres gekürt wurde, war in aller Munde, auch und gerade im Bildungsbereich. Im Vordergrund standen die mediendidaktischen Möglichkeiten. *Computer Based Training* wurde ein Trend – oder als pädagogischer Rückschritt vehement kritisiert. Um die deutschen Schulen mit ausreichenden Anschlüssen an das Internet zu versorgen, wurde 1996 in einer gemeinsamen Initiative des Bundesministeriums für Bildung, Wissenschaft, Forschung und Technologie (heute Bundesministerium für Bildung und Forschung) und der Deutschen Telekom AG der ‚Verein Schulen ans Netz' gegründet. Damals hatten lediglich 800 Schulen einen Zugang zum Internet. Bis Ende 2001 wurden alle rund 34.000 allgemein- und berufsbildenden Schulen in Deutschland mit einem schmalbandigen Internetanschluss (ISDN) versorgt. Parallel dazu fanden Ausstattungsinitiativen in den Ländern stand. Eingerichtet wurden zunächst, dem Fachraum- bzw. Techniklaborprinzip folgend, Computerfachräume oder Computerkabinette. Der Ausstattungsschlüssel lag bei einem PC zu – je nach Schulform – 8 bis 16 Schülerinnen und Schülern.
Bildungspolitisch äußerte sich die Kultusministerkonferenz (KMK) in den 1990er Jahre mehrmals zu dieser Entwicklung. Fachlich beteiligt war Gerhard Tulodziecki, ein Kollege von Dieter Baacke. Zunächst wurde KMK-seitig der Stellenwert von ‚Medienpädagogik in der Schule' unterstrichen. Es hieß so 1995: „Medienpädagogik muss Schülerinnen und Schüler zu einem sachgerechten, selbstbestimmten und sozial verantwortlichen Umgang mit den Medien befähigen" (KMK 1995, 1).

Es sei erforderlich, dass die Schülerinnen und Schüler

- „sich in der Medienwelt zurechtfinden können, d.h. daß sie die Angebotsvielfalt der Medien kennen, ihre vielfältigen (inhaltlichen und technischen) Verflechtungen wahrnehmen, Zugangsmöglichkeiten erfahren, die Handhabung einüben und Auswahl und Nutzung sinnvoll gestalten lernen,
- die durch Medien vermittelten Informationen, Erfahrungen und Handlungsmuster kritisch einordnen können, d.h. daß sie sie auf ihren Realitätsgehalt überprüfen, sie in Beziehung setzen zur gesellschaftlichen Funktion der Medien und zu den ökonomischen Bedingungen ihrer Produktion und Verbreitung,
- sich innerhalb einer von Medien bestimmten Welt selbstbewußt, eigenverantwortlich und produktiv verhalten können, d.h. daß sie ästhetische und moralische Wertmaßstäbe entwickeln, neben analytischen auch kreative Fähigkeiten aufbauen, über praktische Medienarbeit lernen, eigenen Vorstellungen und Interessen Ausdruck zu verleihen und diese auch öffentlich zu machen" (KMK 1995, 1).

2. Medienpädagogik und gesellschaftlicher Aufbruch

Bereits 1997 – nur zwei Jahre später – war evident, dass die sogenannten ‚Neuen Medien' kein vorübergehender Hype waren, sondern die Grundlagen des Bildungswesens nachhaltig verändern würden. Im Beschluss der Kultusministerkonferenz vom 28. Februar 1997 zu ‚Neue Medien und Telekommunikation im Bildungswesen' wurde das disruptive Potenzial dieser Entwicklung erkannt und, auch um dieses zu bannen, die Aufnahme der bislang eher peripheren medienbezogenen Themen in den bürgerlichen Bildungskanon proklamiert:

> „Die Vielfalt der Medientechnologien erfordert eine intensivere Auseinandersetzung mit den Strukturen, Abhängigkeiten, Inhalten und Zielen der Medien in allen Bereichen des Bildungswesens. Zukünftiges Leben in einer von Medien dominierten Welt ist verantwortlich, selbstbestimmt und selbstbewußt nur mit differenzierten Kenntnissen der grundlegenden Sachverhalte möglich. Eine gezielte Aufnahme der Themenstellungen in den Bildungskanon ist deshalb unerläßlich" (KMK 1997, 1).

Der kometenhafte Aufstieg der Neuen Medien korrespondierte mit dem Aufstieg einer neuartigen, internetbasierten Ökonomie: ‚New Media' und ‚New Economy' gehörten zusammen. Auch im politischen Bereich änderten sich die Verhältnisse grundlegend: Das Ergebnis der Bundestagswahl 1998 bedeutete ein Novum in der Geschichte der Bundesrepublik. Erstmals wurde eine Bundesregierung komplett abgewählt und erstmals erhielten die Parteien, die sich traditionell als ‚links der Mitte' einstufen, mehr als 50 Prozent der Stimmen. Im Ergebnis konnte Schröder die erste rot-grüne Koalition auf Bundesebene bilden. Unter anderem aufgrund der Tatsache, dass zum ersten Mal Vertreterinnen und Vertreter der neuen sozialen Bewegungen an die Regierung gelangten, sprach man vom ‚Projekt Rot-Grün', das einen Wandel in der politischen Kultur Deutschlands verkörpern sollte.
Der parallele Wandel im ökonomischen Bereich führte dazu, dass kurzfristig eine Vielzahl von neuartigen, informationstechnischen Unternehmen entstand. Ende der 1990er-Jahre setzten Investoren große Summen ein, um sich innovative Ideen zu sichern und so einen Vorsprung bei der Erschließung der neuen Märkte zu erhalten. Charakteristisch für die New Economy waren neue Unternehmensgründungen in sogenannten Zukunftsbranchen wie Informationstechnik, Multimedia, Biotechnik und Telekommunikation. Auf den börsengetriebenen Höhenflug, bei dem alles möglich schien, folgte schnell die Ernüchterung. Mit dem Ende des Booms setzte sich die Erkenntnis durch, dass die digitale Revolution die Grundregeln des Kapitalismus nicht außer Kraft setzt. Wenigen Gewinnern stand eine Vielzahl von Verlierern gegenüber.

3. Ernüchterung und bildungspolitische Stagnation

Dem Platzen der ‚Dotcom-Blase' war im Bildungsbereich der sogenannte PISA-Schock vorangegangen. Bereits 2000, beim ersten PISA-Test, an dem sich 32 Nationen beteiligten, landete Deutschland im internationalen Vergleich gerade mal auf Platz 21. Schreib- und Lesekompetenz, Naturwissenschaften, Mathematik: Die deutschen Schülerinnen und Schüler schnitten in allen Kompetenzen schlechter als der Durchschnitt ab.

Das Durchstarten der föderalen Bildungslandschaft in das digitale 21. Jahrhundert wurde durch die damit einhergehende Ernüchterung konterkariert. Die Neuen Medien waren wohl nach wie vor neu, zunächst aber galt es, das Fundament des föderalen Bildungssystems nach zu justieren. Methodische Innovationen, wie E-Learning oder Blended Learning, die im Bereich der betrieblichen Weiterbildung Karriere machten, führten im Bereich der Allgemeinbildung eher eine Schattenexistenz. Versuche, durch Public-Private-Partnership-Modelle zwischen Bildungspolitik und IT-Unternehmen die Diffusion von Innovation im Bildungsbereich zu befördern, waren nur mäßig erfolgreich. 2007 gab die Deutsche Telekom bekannt, dass sie sich mittelfristig aus dem Projekt „Schulen ans Netz" zurückziehen werde. Das Bundesministerium für Bildung und Forschung (BMBF) unterstützte den Verein weiterhin, besiegelte dann aber, nachdem sich die Länder nicht auf eine Übernahme einigen konnten, im Kontext der Föderalismusreform zum Ende des Jahres 2012 dessen Auflösung. Mit der Abwicklung von Schulen ans Netz wurden auch Ansätze, die föderale Bildungslandschaft im Kontext der digitalen Transformation neu zu ordnen (Cloud- und Gemeinwohl-orientierte Bündelung von Informations-, Lern- und Qualifizierungsmodulen), zu Grabe getragen bzw. in private Trägerschaft überführt.

4. Kompetenzorientierte Medienbildung als Antwort auf Internet 2.0

Die technologische Entwicklung erfuhr in diesen Jahren der bildungspolitischen Stagnation eine substantielle Umorientierung. Durch den Anstieg der Leistung von Großrechnern, der zunehmenden Vernetzung und der Verkleinerung von IT-Bausteinen wurden die seit Anfang der 2000er-Jahre populäre Mobiltelefonie durch eine neue Generation von hochleistungsfähigen Smartphones abgelöst. Treiber der Entwicklung war das US-Unternehmen Apple, das 2007 das erste iPhone auf den Weltmarkt brachte. Das Bedienkonzept des iPhone mit seiner weitgehenden Steuerung über den Multi-Touch-Bildschirm und die damit verbundene Benutzerfreundlichkeit galt als maßgeblich für den Erfolg des Smartphones. Das amerikanische Nachrichtenmagazin Time wählte das iPhone zur ‚Erfindung des Jahres 2007'.

Der Erfolg von Smartphones ging einher mit dem Aufkommen des Web 2.0 und der Interaktivität. Nutzerinnen und Nutzer konsumierten fortan nicht nur den Inhalt, sondern stellten diesen als Prosument selbst zur Verfügung. Die sogenannten Social Media verbreiteten sich Anfang der 2010er-Jahre gerade unter jugendlichen Nutzerinnen und Nutzern rasant. Der Besitz von Smartphones unter 12 bis 19-Jährigen stieg so deutlich von 14 Prozent (2010) auf 97 Prozent (2017) (vgl. MPFS 2017).

Im Beschluss der KMK vom 8. März 2012 zu ‚Medienbildung in der Schule' wird deutlich auf das dem schulischen Bildungsprozess gegenüberstehende, immersive Potential von Virtualität und Interaktion in sozialen Medien Bezug genommen:

> „Schulische Medienbildung versteht sich als dauerhafter, pädagogisch strukturierter und begleiteter Prozess der konstruktiven und kritischen Auseinandersetzung mit der Medienwelt. Sie zielt auf den Erwerb und die fortlaufende Erweiterung von Medienkompetenz; also jener Kenntnisse, Fähigkeiten und Fertigkeiten, die ein sachgerechtes, selbstbestimmtes, kreatives und sozial verantwortliches Handeln in der medial geprägten Lebenswelt ermöglichen. Sie umfasst auch die Fähigkeit, sich verantwortungsvoll in der virtuellen Welt zu bewegen, die Wechselwirkung zwischen virtueller und materieller Welt zu begreifen und neben den Chancen auch die Risiken und Gefahren von digitalen Prozessen zu erkennen" (KMK 2012, 3).

Mit dem Ansatz, Schülerinnen und Schüler präventiv zu stärken gegenüber den Unbilden der digitalen Medienwelt, trägt der Beschluss deutlich bewahrpädagogische Züge, versucht diese jedoch durch die Bezugnahme auf die kreativen Möglichkeiten der digitalen Medienwelt konstruktiv auszubalancieren.

Wichtig ist die konsequente Kompetenzorientierung, die sich bei der länderbezogenen Umsetzung des KMK-Beschlusses von 2012 zeigt. In Berlin und Brandenburg z.B. wurde dies im Kontext eines fachintegrierten Rahmenlehrplans 1–10 realisiert. In einem *Basiscurriculum Medienbildung* wurden sechs Kompetenzbereiche definiert (Lernen mit Medien: Informieren, Kommunizieren, Präsentieren; Lernen über Medien: Analysieren, Produzieren, Reflektieren), die mit Bezug zu den fachbezogenen Setzungen des Rahmenlehrplans eine gezielte und umfassende Medienkompetenzentwicklung ermöglichen sollen. Durch die Definition von zwei Kompetenzstufen wurde zugleich die Verbindlichkeit von Medienbildung deutlich erhöht.

5. Die Strategie ‚Bildung in der digitalen Welt'

Die Notwendigkeit, Medienbildung zu einem zentraleren Bereich von Allgemeinbildung zu machen, unterstrichen auch die Ergebnisse der internationalen Vergleichsstudie ICILS *(International Computer and Information Literacy Study)*. Die Studie wurde erstmals 2013 durchgeführt und die Ergebnisse im November 2014 veröffentlicht. Befragt wurden Schülerinnen und Schüler der 8. Klassen sowie Lehrkräfte und Schulleitungen. Neben der Bundesrepublik haben sich rund 20 weitere Länder beteiligt. Die Studie förderte einige richtungsweisende Befunde zu Tage. Nach dem Pisa-Schock von 2001 folgte wohl kein Computer-Schock 2014. Deutsche Schüler lagen mit ihren Computer-Kenntnissen weltweit immerhin im Mittelfeld, fast ein Drittel der 13- bis 14-Jährigen erreichte „lediglich die untersten beiden Kompetenzstufen computer- und informationsbezogener Kompetenzen" (Eickelmann/Gerick/Drossel/Bos 2016, 7). Das populäre Idiom der quasi automatisch entwickelten Medienkompetenz bei der *Generation Internet* wurde deutlich widerlegt. Der Befund lautete, dass ein Drittel der in der digitalen Mediengesellschaft Geborenen Gefahr läuft, perspektivisch nicht aktiv an dieser teilhaben zu können: Lebenslang Konsument statt mündiger Prosument. Ein weiterer Befund illustrierte, dass in Deutschland die Häufigkeit der Computernutzung durch Lehrkräfte im internationalen Vergleich deutlich unterdurchschnittlich ist (vgl. Eickelmann/Schaumburg/Drossel/Lorenz 2014).
ICILS und die Diskussionen auf Bundes- und Länderebene unterstrichen, dass gesamtgesellschaftlich Handlungsbedarf gegeben war. Ersichtlich wurde auch, dass Medienbildung allein nicht den Herausforderungen der digitalen Transformation gerecht werden kann. Medienbildung hat eine wichtige Katalysatorfunktion, kann aber nicht das gesamte Spektrum der durch Digitalisierung bedingten Veränderungen abdecken. Auf bildungspolitischer Ebene wurde vor diesem

Hintergrund im Oktober 2015 beschlossen, zunächst eine Strategie der Kultusministerkonferenz zur ‚Bildung in der digitalen Welt' zu entwickeln. Auf der Basis von Empfehlungen einer länderoffenen Staatssekretärs-Arbeitsgruppe sollte bis Ende 2016 unter Einbeziehung der verschiedenen KMK-Ausschüsse entlang der Bildungskette eine Gesamtstrategie entstehen. Einbezogen werden sollten Allgemeinbildung, Berufliche Bildung, Hochschulbildung sowie Weiterbildung.

5.1 Strategieprozess und zentrale Zielsetzungen

Ausgehend von dem Handlungsfeld ‚Bildungspläne und Unterrichtsentwicklung' war intendiert, die Themen *Aus-, Fort- und Weiterbildung von Erziehenden und Lehrenden, Fragen der Infrastruktur und Ausstattung, der Bildungsmedien* und *des Content,* des *E-Government* bzw. *der Schulverwaltungsprogramme, Bildungs- und Campusmanagementsysteme* sowie der *Rechtlichen und funktionalen Rahmenbedingungen* zu adressieren. Auch methodisch beschritt der Strategieprozess neue Wege. Ein relativ früh gefertigter Erstentwurf war Gegenstand von Anhörungen, die von der Fachöffentlichkeit intensiv genutzt wurden. Die Hinweise von Experten und Verbänden wurden sukzessive in eine Version 2.0 integriert, die dann wiederum zum Ausgangspunkt der bildungspolitischen Abstimmungen wurde. Auch wenn die Strategie explizit ein Vorhaben der Länder blieb, waren das Bundesministerium für Bildung und Forschung und die kommunalen Spitzenverbände kontinuierlich in die Abstimmungen mit einbezogen. Im Herbst 2016 war absehbar, dass es möglich war, zwischen 16, mitunter deutlich auseinanderliegenden föderalen Positionen zur Bildungspolitik dennoch einen breiten gemeinsamen Konsens beim Thema ‚Bildung in der digitalen Welt' zu finden. Mit Bezug auf diese Entwicklung kündigte Bundesministerin Prof. Dr. Wanka im Oktober 2016 an, bundesseitig – in Abstimmung mit den Ländern – einen gemeinsamen DigitalPakt mit fünf Milliarden Euro Förderumfang auf den Weg bringen zu wollen. Auf diese Weise sollte der Transformationsprozess im Bildungsbereich in der Bundesrepublik nachhaltig gefördert werden. Am 8. Dezember 2016 verabschiedeten dann 16 Bildungsministerinnen und Bildungsminister, Senatorinnen und Senatoren die knapp 60-seitige Strategie ‚Bildung in der digitalen Welt'.

In einer gemeinsamen Presseerklärung kommentierte die Präsidentin der Kultusministerkonferenz und Bremer Senatorin für Kinder und Bildung, Claudia Bogedan, das Ereignis wie folgt: „Die Kultusministerkonferenz legt mit ihrer Strategie ‚Bildung in der digitalen Welt' ein klares Handlungskonzept für die Gestaltung einer der größten gesellschaftlichen Herausforderungen unserer Zeit vor. Das Lernen im Kontext der zunehmenden Digitalisierung von Gesellschaft und Arbeitswelt sowie das kritische Reflektieren darüber werden zu integralen Bestandteilen des Bildungsauftrages" (https://www.kmk.org/aktuelles/artikelansicht/strategie-bildung-in-der-digitalen-welt.html, aufgerufen am 27.01.2019).
Zentrale Zielsetzungen der Strategie, die auf der Prämisse basiert, dass das Lehren und Lernen in der digitalen Welt grundsätzlich dem Primat des Pädagogischen folgen muss, sind im schulischen Bereich (vgl. KMK 2016):

- Die Definition der Kompetenzen, die für eine aktive, selbstbestimmte Teilhabe in einer digitalen Welt erforderlich sind und seitens der Länder fachintegrativ in ihren Lehr- und Bildungsplänen sowie Rahmenplänen, beginnend mit der Primarstufe, umgesetzt werden. Die Länder beziehen sich dabei auf einen Kompetenzrahmen, der für Schülerinnen und Schüler, die zum Schuljahr 2018/19 eingeschult werden oder in die Sekundarstufe I eintreten, bis zum Ende ihrer Pflichtschulzeit verbindlich gemacht wird.
- Die systematische Einbeziehung von digitalen Lernumgebungen in die Gestaltung von Lehr- und Lernprozessen, wobei die Vereinbarung getroffen wird, dass – zumindest in den weiterführenden Schulen – bis 2021 jede Schülerin und jeder Schüler jederzeit, wenn es aus pädagogischer Sicht im Unterrichtsverlauf sinnvoll ist, eine digitale Lernumgebung und einen Zugang zum Internet nutzen kann.
- Die gezielte Förderung des Erwerbs von Kompetenzen zur Nutzung digitaler Arbeitsmittel und -techniken in der beruflichen Bildung. Neben dem Verständnis für digitale Prozesse sollen die Auszubildenden auch die mittelbaren Auswirkungen der weiter voranschreitenden Digitalisierung in den Blick nehmen.

- Die konsequente Förderung der Kompetenzbildung bei Lehrkräften, die ihren Bildungs- und Erziehungsauftrag in einer ‚digitalen Welt' verantwortungsvoll erfüllen, als integrale Aufgabe der Ausbildung in den Unterrichtsfächern sowie den Bildungswissenschaften über alle Phasen der Lehrerbildung hinweg. Lehrende sollten u. a. in der Lage sein, durch ihre Kenntnisse über Urheberrecht, Datenschutz und Datensicherheit sowie Jugendmedienschutz den Unterricht als einen sicheren Raum zu gestalten und die Schülerinnen und Schüler zu befähigen, bewusst und überlegt mit Medien und eigenen Daten in digitalen Räumen umzugehen und sich der Folgen des eigenen Handelns bewusst zu sein.
- Der Aufbau einer länderübergreifenden bundesweiten Bildungsmedieninfrastruktur (einschließlich offen lizensierter Bildungsmedien/Open Educational Resources).

5.2 Kompetenzrahmen

Dass im Zentrum der Strategie ein differenzierter Kompetenzrahmen stand, war ein Novum. Noch in der Entwurfsfassung vom Frühjahr 2016 war der Kompetenzrahmen Bestandteil des Anhangs. In der Endfassung rückten die *Kompetenzen in der digitalen Welt* prominent in den Mittelpunkt. Sie umfassen folgende Bereiche, die in der Strategie detailliert untersetzt wurden (KMK 2016, 16ff):

1. Suchen, Verarbeiten und Aufbewahren,
2. Kommunizieren und Kooperieren,
3. Produzieren und Präsentieren,
4. Schützen und sicher Agieren,
5. Problemlösen und Handeln,
6. Analysieren und Reflektieren.

Für den Kompetenzrahmen, dessen Umsetzung nur in Synthese mit den veränderten fachlichen Diskursen denkbar ist, wurden drei bekannte und bewährte Kompetenzmodelle herangezogen (vgl. KMK 2016):

- das von der EU-Kommission in Auftrag gegebene und vom Institute for Prospective Technological Studies, JRC-IPTS, in umfangreichen Studien entwickelte Kompetenzmodell *DigComp*,

- das in Deutschland weithin bekannte, von den Landesinstituten getragene und die Tradition von Baacke und Tulodziecki fortführende *Kompetenzorientierte Konzept für die schulische Medienbildung der Länderkonferenz MedienBildung* vom 29.01.2015 und
- das der ICILS-Studie von 2013 ‚Computer- und informationsbezogene Kompetenzen von Schülerinnen und Schülern in der 8. Jahrgangsstufe im internationalen Vergleich' zugrunde liegende *Modell der computer- und informationsbezogenen Kompetenzen.*

Auch wenn der Kompetenzrahmen in der vorliegenden Form deutliche Bezüge zur Debatte um die Rolle von Medienbildung aufweist und in dieser Hinsicht eine Kontinuität wahrt, wird in den ihm vorangestellten Bemerkungen deutlich auf den durch die digitale Transformation veränderten Bildungsauftrag insbesondere von Schule verwiesen:

> „Die ‚digitale Revolution' macht es jedoch erforderlich, diese Empfehlung mit Blick auf konkrete Anforderungen für eine schulische ‚Bildung in der digitalen Welt' zu präzisieren bzw. zu erweitern und nunmehr verbindliche Anforderungen zu formulieren, über welche Kenntnisse, Kompetenzen und Fähigkeiten Schülerinnen und Schüler am Ende ihrer Pflichtschulzeit verfügen sollen, damit sie zu einem selbstständigen und mündigen Leben in einer digitalen Welt befähigt werden. Gleiches gilt für bewährte Konzepte informatischer Bildung" (KMK 2016, 11).

Dass statt einer kompletten Neu-Definition der Kompetenzbereiche eine breite fachliche Basis für den Kompetenzrahmen gewählt wurde, trug mit zur pragmatischen Akzeptanz des Ansatzes bei. Betont wurde auch, dass der Kompetenzrahmen ‚nicht in Stein gemeißelt' sei, sondern als solcher dem hohen Veränderungsdruck der Entwicklung unterworfen sein werde. Begleitend dazu wurde auf Fachebene der Diskurs zwischen Informatik und Medienbildung mit neuer Verbindlichkeit geführt. Die sogenannte *Dagstuhl-Erklärung* (vom März 2016) fasste in gemeinsamer Verantwortung von Medienpädagogik, Informatik und Wirtschaft Ansätze zusammen und versuchte, eine gemeinsame Basis zu legen (vgl. https://gi.de/themen/beitrag/dagstuhl-erklaerung-bildung-in-der-digital-vernetzten-welt-1, aufgerufen am 29.12.2018). Die führenden – industrienahen – Stiftungen schlossen sich 2016/2017 zu einem gemeinsamen Forum Bildung Digitalisierung zusammen, das insbesondere die Wichtigkeit von Schulentwicklungsprozessen ‚auf dem Weg in die digitale Welt' betonte und förderte.

5.3 *DigitalPakt Schule*

Die nach der Verabschiedung der KMK-Strategie ‚Bildung in der digitalen Welt' begonnenen Verhandlungen zwischen Bund und Ländern zur Ausgestaltung des in Aussicht gestellten DigitalPakts erwiesen sich als komplizierter als ursprünglich gedacht. Der bis Mai 2017 fertiggestellte Entwurf einer Vereinbarung zum *DigitalPakt Schule* auf der Basis von Artikel 91c des Grundgesetzes (‚Zusammenarbeit auf dem Gebiet der Informationstechnik') wurde von Bundesseite nicht öffentlich als konsensfähig vorgestellt. Die Bundestagswahlen im September 2017 machten es weiterhin notwendig, eine Unterzeichnung bis zur Bildung einer neuen Bundesregierung zu vertagen. Da die Koalitionsverhandlungen unerwartet lange bis Anfang 2018 dauerten, verzögerten sich auch die verbindlichen Absprachen zum *DigitalPakt Schule* weiter. Hinzu kam, dass im Koalitionsvertrag der neuen Bundesregierung darüber hinaus ein alternativer Weg zur verfassungsrechtlichen Umsetzung des Pakts festgelegt worden war. Nicht auf der Basis von Artikel 91c sollte der *DigitalPakt Schule* realisiert werden, sondern durch eine Änderung des Grundgesetz-Artikels 104c. Dafür musste die Vereinbarung komplett neu verhandelt und politisch eine notwendige Zweidrittelmehrheit im Bundestag gesichert werden. Auf der geplanten Zielgeraden zum Jahresende 2018 wurde deutlich, dass mit dem *DigitalPakt Schule* zugleich das Verhältnis zwischen Bund und Ländern in der digitalen Welt zur Disposition steht. Aufgrund der daraus resultierenden weiteren Verzögerungen wird der *DigitalPakt Schule* – voraussichtlich – erst 2019 umgesetzt werden können.

Fazit

Das Jahr 2018 machte auch deutlich, wie komplex die Herausforderungen sind, die Digitalisierung für Bildung beinhaltet, und wie dringend notwendig es ist, pragmatische und funktionierende Wege zu finden, die es Schulen ermöglicht, in dem Veränderungsprozess hin zur digitalen Welt voranschreiten zu können. Zu verweisen ist hier auf die in der Fläche ungenügende Breitbandanbindung von Schulen, ein Infrastrukturproblem, das die Chancengleichheit von Schülerinnen und Schülern in der digitalen Welt grundlegend gefährdet. Eine Herausforderung besonderer Art ist auch der Umgang mit personenbezogenen Daten in Bildungsprozessen. Die 2016 EU-seitig verabschiedete *General Data Protection* Regulation (GDPR) trat am 25. Mai 2018 als Datenschutz-Grundverordnung (DS-GVO) in der Bundesrepublik und in den Ländern in Kraft. Im schulischen Bereich hat sie – je nach Qualität der vorbereiteten Maßnahmen auf Länderebene – zu einer mehr oder minder großen Verunsicherung geführt, die es nun gilt, schrittweise abzubauen. Die tendenziell systemische Überforderung offenbart auch den Umfang der Herausforderungen, den sich die klassische Bildungsverwaltung im Transformationsprozess hin zur digitalen Welt gegenübergestellt sieht.
Der Umgang mit Daten in Bildungsprozessen hat parallel auch durch die technologische Entwicklung eine neue Qualität erlangt. *Small People* (Schülerinnen und Schüler) und *Big Data* sind eine brisante Formel, die durch intelligente und stringente Regulierung entschärft werden muss. Planungen zum Aufbau eines neuartigen länderübergreifenden und ländergemeinsamen Vermittlungsdienstes sind Schritte der Länder in diese Richtung. Auch die Diskussion über länderübergreifende Standards und neuartige Formen der Kollaboration beim Aufbau und Betrieb einer cloud-basierten Infrastruktur für Schulen in der Bundesrepublik findet zunehmend eine pragmatisch sachliche Untersetzung. Es bleibt die Frage, mit welchem Mut und mit welcher Ausdauer der Weg in die digitale Welt in der föderalen Bildungslandschaft weiterhin beschritten wird. Dass der Veränderungsprozess mitunter disruptiv ist und die Mühen der Ebene bildungspolitisch wenig Euphorie auslösen, ist ein Allgemeinplatz. In welcher Phase der Entwicklung wir uns bei der Transformation tatsächlich

befinden, wird die Zukunft zeigen. Deutlich ist jedoch, dass die Organisation von Bildung die Schlüsselfrage von Gesellschaft im 21. Jahrhundert bleibt. Wird sich die industriell geprägte Bundesrepublik weiterhin leisten können, die Organisation von bildungsförderlichen Strukturen in der digitalen Welt demonstrativ subsidiär zu betreiben? Wie ist es mit der Chancengleichheit von Schülerinnen und Schülern bestellt, deren Schule nicht in einem Bundesland liegt, das groß genug ist, um den Transformationsprozess hin zur Bildung in der digitalen Welt unter Nutzung systemischer Skaleneffekte zu steuern?

Literatur

Bos, Wilfried/Eickelmann, Birgit/Gerick, Julia/Goldhammer, Frank/Schaumburg, Heike/Schwippert, Knut/Senkbeil, Martin/Schulz-Zander, Renate/Wendt, Heike (2014) (Hrsg.): ICILS 2013. Computer- und informationsbezogene Kompetenzen von Schülerinnen und Schülern in der 8. Jahrgangsstufe im internationalen Vergleich. Münster.

Eickelmann, Birgit/Schaumburg, Heike/Drossel, Kerstin/Lorenz, Ramona (2014): Schulische Nutzung von neuen Technologien in Deutschland im internationalen Vergleich. In: Bos, Wilfried/Eickelmann, Birgit/Gerick, Julia/Goldhammer, Frank/Schaumburg, Heike/Schwippert, Knut/ Senkbeil, Martin/Schulz-Zander, Renate/ Wendt, Heike (Hrsg.): ICILS 2013. Computer- und informationsbezogene Kompetenzen von Schülerinnen und Schülern in der 8. Jahrgangsstufe im internationalen Vergleich. Münster, 197–230.

Eickelmann,Birgit/Gerick,Julia/Drossel,Kerstin/Bos,Wilfried(Hrsg.) (2016): ICILS 2013. Vertiefende Analysen zu computer- und informationsbezogenen Kompetenzen von Jugendlichen. Münster.

Eickelmann, Birgit/Gerick, Julia/Drossel, Kerstin/Bos, Wilfried (2016): Vertiefende Analysen zu ICILS 2013 – Konzeption, zentrale Befunde und mögliche Entwicklungsperspektiven. In: Eickelmann, Birgit/Gerick, Julia/Drossel, Kerstin/Bos, Wilfried (Hrsg.): ICILS 2013. Vertiefende Analysen zu computer- und informationsbezogenen Kompetenzen von Jugendlichen. Münster, 7–32.

Medienpädagogischer Forschungsverbund Südwest/MPFS (Hrsg.) (2017): JIM 2017. Jugend, Information, (Multi-) Media. Basisstudie zum Medienumgang 12- bis 19-Jähriger in Deutschland. Stuttgart.
Sekretariat der Kultusministerkonferenz (Hrsg.) (1995): Medienpädagogik in der Schule. Erklärung der KMK vom 12. Mai 1995. Bonn.
Sekretariat der Kultusministerkonferenz (Hrsg.) (1997): Neue Medien und Telekommunikation im Bildungswesen. Beschluß der Kultusministerkonferenz vom 28. Februar 1997. Bonn.
Sekretariat der Kultusministerkonferenz (Hrsg.) (2012): Medienbildung in der Schule. Beschluss der Kultusministerkonferenz vom 8. März 2012. Berlin.
Sekretariat der Kultusministerkonferenz (Hrsg.) (2016): Bildung in der digitalen Welt. Strategie der Kultusministerkonferenz. Berlin.

Alexander Martin

Ein praxisorientierter Vorschlag für einen pragmatischen Umgang mit der Digitalisierung im Fachunterricht

Ausgehend von einer kurzen Skizze zentraler Facetten der sogenannten ‚Digitalisierung‘ richtet der Beitrag seinen Blick auf Zielkompetenzen von Schülerinnen und Schülern in einer digital vernetzten Welt. Im Mittelpunkt steht ein fiktives Szenario, in dem sich eine Lehrkraft vor die Aufgabe gestellt sieht, die Vermittlung von Medienkompetenz auf Basis des Medienkompetenzrahmens NRW im Fachunterricht zu berücksichtigen. Hierfür werden vier praxisorientierte Schritte vorgestellt, wie dies in einem ersten Zugriff umgesetzt werden kann.

1. Einleitung

Der Vorbereitung auf einen versierten Umgang mit Entwicklungen und Phänomenen, die auf digital vernetzten Daten beruhen, kommt in Erziehungs- und Bildungsprozessen heute eine zunehmend gesteigerte Bedeutung zu. Für die mündige gesellschaftliche Teilhabe sind Fähigkeiten im Umgang mit digitalen Medien eine entscheidende Ressource. Versteht man die sogenannte Digitalisierung als gesellschaftlichen Transformationsprozess, der nun nicht mehr enden wird, sondern sich mit immer neuen (Weiter-)Entwicklungen fortsetzt – wofür vieles spricht (vgl. Herzig/Martin 2018) –, dann ergibt sich daraus ein gesamtgesellschaftlicher lebenslanger Bildungsbedarf von enormer Reichweite. Neben der Familie kommt der Schule hierbei als zentrale Sozialisationsinstanz eine entscheidende Rolle zu. Lehrkräfte sehen sich vor die anspruchsvolle Aufgabe gestellt, in ihrem Fachunterricht der Digitalisierung Rechnung tragen zu müssen. Im nachfolgenden Beitrag soll vor diesem Hintergrund ein Vorschlag entwickelt werden, wie Lehrkräfte mit dieser Herausforderung konstruktiv und gleichzeitig pragmatisch umgehen können. Ausgehend von einer kurzen Skizze wichtiger Facetten der Digitalisierung werden zentrale Zielkompetenzen von Schülerinnen und Schülern in einer digital vernetzten Welt vorgestellt. Diesen Zielkompetenzen werden auf Seiten der Lehrkräfte Ressourcen zugeordnet, die sich bei der Bewältigung dieser Aufgabe als wichtig erwiesen haben. Den Kern des Beitrags markiert dann ein fiktives, aber äußerst wahrscheinliches Szenario, in dem sich eine Lehrkraft vor die Aufgabe gestellt sieht, die Vermittlung von Medienkompetenz im Unterricht und bei der Planung von Unterricht zu berücksichtigen. Hierfür werden vier praxisorientierte Schritte vorgestellt, denen die Lehrkraft ohne größeren Aufwand in einem ersten Zugriff folgen kann. Der Beitrag endet mit einer kritischen Diskussion und einem Ausblick auf flankierende Maßnahmen, die die Digitalisierung bildungspolitisch, wissenschaftlich und öffentlich bestenfalls in Zukunft begleiten.

2. Merkmale der Digitalisierung

Digitalisierung ist mittlerweile zu einem omnipräsenten Schlagwort avanciert, das nahezu jeden Lebensbereich durchzieht. Bestenfalls ist dies ein Indikator dafür, dass ‚uns allen' klar ist, was genau dann jeweils gemeint ist, wenn man von ‚Digitaler Bildung', ‚Digitalen Schulen' oder dem ‚Smart Home' spricht. Schlimmstenfalls führt der mittlerweile fast selbstverständliche Gebrauch aber möglicherweise dazu, dass ‚wir uns' gar nicht mehr so richtig trauen nachzufragen, was genau darunter zu verstehen ist. Eine erste Voraussetzung für eine versierte Vermittlung von Medienkompetenz in Schule und Unterricht scheint deshalb darin zu bestehen, dass man sich den Begrifflichkeiten nähert und ein gemeinsames Grundverständnis herstellt. „Im engeren technischen Sinne betrachtet, bezeichnet Digitalisierung die Überführung von analogen Erscheinungsformen (z.B. Gesang) in digitale Daten (z.B. elektronische Audiodatei des aufgenommenen Gesangs), also elektronisch gespeicherte Zeichen, die in programmierbaren Computern informationstechnisch verarbeitet werden können" (Herzig et al. 2018, 62). Bereits seit den frühen 2000er Jahren übersteigt die weltweit technisch mögliche digitale Speicherkapazität die analoge (vgl. Hilbert/López 2011, 60). Digitalisierung ist somit kein ganz junges oder gar völlig neues Phänomen. Der Treiber des gesellschaftlichen Umwälzungsprozesses, der oftmals mit dem Begriff ‚Digitalisierung' bezeichnet wird, ist die kommerzielle Verbreitung und flächendeckende Verfügbarkeit und Nutzbarkeit des Internets. Hiermit wird ein weltweiter Verbund von Datennetzen beschrieben, über die Computer miteinander verbunden sind. Internetbezogene Anwendungen basieren auf digitalen Daten im zuvor beschriebenen Sinn. Mit der Entwicklung des Smartphones als ein Mobiltelefon, das über umfangreiche Computerfunktionalitäten und eine Internetanbindung verfügt, sind Menschen heute zu jeder Zeit und an nahezu jedem Ort der Welt miteinander vernetzt. Ein wichtiges Merkmal digitaler Medienanwendungen ist, dass der Hardware, den Geräten selber, heute eine eher zweitrangige Bedeutung zukommt. Anders als bei älteren PCs, deren Hardware zur Aufrüstung händisch aus-, ein- und umgebaut wurde, sind es heute vor allem die Software, die Programme und die Anwendungen, der „Content" (Knaus 2017, 36), die die Mediennutzung bestimmen. Zwar stellen die Geräte nach wie vor die „technische Basis alles Digitalen" (ebd.) dar, aber die langlebige Leistungsstärke moderner digitaler Geräte ergibt sich dadurch, dass Anwendungen genutzt werden, die auf die Speicherkapazität des Internets zugreifen (vgl. ebd.). Mobile Endgeräte lassen sich durch Apps nahezu beliebig auf- und umrüsten. Die jüngst inflationäre Verwendung des Begriffs ‚digital' als attributiver Wortbestandteil stößt auch auf Kritik, weil damit suggeriert wird, dass auf einmal vormals Analoges vollständig digital ist, z.B. ‚digitale Bildung', ‚digitale Arbeitswelt', ‚digitale Kompetenzen' etc. (vgl. Knaus 2016). Wenngleich zwar die skizzierten technologischen Prozesse die Grundlage des aktuellen Wandlungsprozesses sind, beschreibt der Begriff Digitalisierung in vielen Verwendungszusammenhängen (so auch in diesem Beitrag), dass sämtliche gesellschaftlichen und persönlichen Lebenswelten heute von digitalen Inhalten und digital vernetzten Geräten und dem, was dort dann rezipierend und produzierend stattfindet, geprägt werden (vgl. Krotz 2017). Unser Leben wird somit durch diese Form und Allgegenwart digitaler Daten mitbestimmt und das wird sich vermutlich noch ausweiten, aber nicht alles, was wir tun, ist auf einmal vollständig ‚digital'. Knaus weist der Digitalisierung bzw. digitalen Entwicklungen einen „subjekt- und gesellschaftsprägend[en]" (2017, 31) Stellenwert zu und spricht in diesem Zusammenhang von einer „sozialisatorische[n] Relevanz des Digitalen" (ebd.). Genau genommen müsste von einer Mediatisierung gesprochen werden, womit

Süss/Lampert/Wijnen „die Ausrichtung politischen Handelns oder des Handelns anderer gesellschaftlicher Akteure an den Gesetzmäßigkeiten und Aufmerksamkeitslogiken des Mediensystems“ (2013, 16) beschreiben, denn damit würde deutlicher, dass sich die Vermittlung von Medienkompetenz keinesfalls nur auf Bedienfertigkeiten beschränkt, sondern vor allem auch auf Reflexionsfähigkeit bezogen ist und sowohl digitale (‚neue‘) als auch analoge (‚alte‘) Medienangebote umfasst.

3. Zielkompetenzen von Schülerinnen und Schülern in einer digital vernetzten Welt

Mit Blick auf die zuvor skizzierten Aspekte der Digitalisierung stellt sich die Frage, welche Konsequenzen sich daraus für die Medienbildung ergeben. Die Zielperspektive einer umfassenden Medienbildung ist Medienkompetenz, verstanden als die Bereitschaft und Fähigkeit, in Medienzusammenhängen sachgerecht, selbstbestimmt, kreativ und sozial verantwortlich zu handeln (vgl. Tulodziecki/Herzig/Grafe 2010). In den vergangenen Jahren sind eine Vielzahl an Vorgaben, Absichtserklärungen und Perspektivenpapieren veröffentlicht worden, die sich mit der Bildung in der digital vernetzten Welt befassen (vgl. z.B. BMBF 2016). Aus ganz unterschiedlichen Blickwinkeln (allgemeine gesellschaftliche Anforderungen, berufliche Bildung, schulische Bildung etc.) finden sich hier, oft in Teams aus Praxis, Wissenschaft und Politik verfasste Einschätzungen, Handlungsempfehlungen und mehr oder minder konkrete Angaben, was nun zu tun ist. Erwartungsgemäß stehen Schule und Unterricht oft im Mittelpunkt der Überlegungen. Den Kern vieler Arbeiten markiert die – keineswegs neue – normative Leitidee des gesellschaftlich handlungsfähigen Subjekts (vgl. Tulodziecki et al. 2010). Dieser Grundsatz hat auch in der digital vernetzten Gesellschaft Bestand, bedarf aber einer zeitgemäßen Interpretation. Eine viel beachtete Stellungnahme zur (Schul-)Bildung in der digitalen Welt ist die ‚Dagstuhl-Erklärung‘, in der sich Expertinnen und Experten der Informatikdidaktik, der Medienpädagogik, der Wirtschaft und der Schulpraxis auf die Wissensstände geeinigt haben, die in einer digital vernetzten Welt handlungsleitend sind (vgl. GI 2016). Kurz gefasst lassen sich die wichtigsten Punkte wie folgt benennen:

- „Die technologische Perspektive hinterfragt und bewertet die Funktionsweise der Systeme, die die digital vernetzte Welt ausmachen“ (ebd., 3).
- „Die gesellschaftlich-kulturelle Perspektive untersucht die Wechselwirkungen der digital vernetzten Welt mit Individuen und der Gesellschaft“ (ebd.).
- „Die anwendungsbezogene Perspektive fokussiert auf die zielgerichtete Auswahl von Systemen und deren effektive und effiziente Nutzung zur Umsetzung individueller und kooperativer Vorhaben“ (ebd.).

Dabei handelt es sich um eine Querschnittsaufgabe, zu der alle Fächer in allen Jahrgängen einen Beitrag leisten können. Für die Planung und Durchführung von Unterricht in einer digital vernetzten Welt kommt dem Strategiepapier der Kultusministerkonferenz ‚Bildung in der digitalen Welt‘ (vgl. KMK 2016) eine wichtige Bedeutung zu. Hier werden die medienbezogenen Zielkompetenzen von Schülerinnen und Schülern in sechs Bereiche unterteilt (vgl. ebd.). Darauf basierend und mit nur leichter Variation benennt der Medienkompetenzrahmen Nordrhein-Westfalen [NRW] die folgenden sechs Zielkompetenzen (vgl. MB/NRW 2018):

1. Bedienen und Anwenden
2. Informieren und Recherchieren
3. Kommunizieren und Kooperieren
4. Produzieren und Präsentieren
5. Analysieren und Reflektieren
6. Problemlösen und Modellieren

Jedem dieser Kompetenzbereiche sind vier Dimensionen zugeordnet. So umfasst der Bereich 2. *Informieren und Recherchieren* etwa die Dimension 2.3 Informationsbewertung, die wie folgt beschrieben wird: „Informationen, Daten und ihre Quellen sowie dahinterliegende Strategien und Absichten erkennen und kritisch bewerten“ (ebd., 11).

4. Kernkompetenzen von Lehrkräften

Damit Lehrkräfte auf dieser Basis Medienbildungsprozesse erfolgreich anbahnen können, bedürfen sie – neben ihrer eigenen Medienkompetenz – „medienbezogene[r] Lehrkompetenzen" (vgl. DCB 2017, 65), womit die Bereitschaft und Fähigkeit, medienbezogene Bildungsprozesse anzuregen und zu unterstützen beschrieben wird. Diese Fertigkeiten skizziert die KMK wie folgt: Lehrkräfte können

> „digitale Medien in ihrem jeweiligen Fachunterricht professionell und didaktisch sinnvoll nutzen sowie gemäß dem Bildungs- und Erziehungsauftrag inhaltlich reflektieren [...]. Dabei setzen sie sich mit der jeweiligen Fachspezifik sowie mit der von Digitalisierung und Mediatisierung gekennzeichneten Lebenswelt und den daraus resultierenden Lernvoraussetzungen ihrer Schülerinnen und Schüler auseinander. Das Ziel aller Schularten, die Schülerinnen und Schüler zu befähigen, die eigene Medienanwendung kritisch zu reflektieren und Medien aller Art zielgerichtet, sozial verantwortlich und gewinnbringend zu nutzen, gehört damit perspektivisch in jedes fachliche Curriculum. Daher ist in der fachspezifischen Lehrerbildung für alle Lehrämter die Entwicklung entsprechender Kompetenzen verbindlich festzulegen" (KMK 2016, 24).

Im Rahmen eines interdisziplinären Zusammenschlusses mehrerer bayerischer Forschungsgruppen werden – ausgehend vom KMK Konzept – ‚Kernkompetenzen von Lehrkräften für das Unterrichten in einer digitalisierten Welt' in Form eines heuristischen Rahmenmodells formuliert (vgl. DCB 2017). Dieses sieht vor, dass Lehrkräfte neben ihrer eigenen Medienkompetenz über 19 fachspezifische und fachübergreifende medienbezogene Lehrkompetenzen für das Unterrichten in einer digitalisierten Welt verfügen. In Nordrhein-Westfalen soll demnächst in einer vergleichbaren Anlage ebenfalls eine Handlungsempfehlung für Lehrkräfte folgen. Sowohl die Überlegungen aus Bayern als auch die zu erwartenden Arbeiten aus NRW stützen sich im Kern aber auf zwei Bereiche medienbezogenen Lehrkräftehandelns (vgl. Tulodziecki et al. 2010):

1. Lernen mit (digitalen) Medien: Lehrkräfte nutzen Medien zur Anregung und Unterstützung von Lehr- und Lernprozessen *(Mediendidaktik)*.
2. Lernen über (digitale) Medien: Lehrkräfte nehmen medienbezogene Erziehungs- und Bildungsaufgaben wahr und machen medienbezogene Themen und Fragen zum Anlass fachlichen Lernens *(Medienerziehung)*.

Neben diesen beiden Kernbereichen haben sich in entsprechenden Studien darüber hinaus medienbezogene Schulentwicklungskompetenzen und insbesondere medienbezogene Einstellungen und Selbstwirksamkeitserwartungen als wichtige Einflussfaktoren erwiesen (vgl. Herzig/Martin/Schaper/Ossenschmidt 2015). Der nachfolgend vorgestellte Zugriff fokussiert – im Sinne der pragmatischen Anlage dieses Beitrags – die Bereiche Medienerziehung und Mediendidaktik.

5. In vier Schritten zur Vermittlung von Medienkompetenz im Fachunterricht

Für die weiteren Ausführungen wird angenommen, dass eine Lehrkraft die Kompetenzbereiche des Medienkompetenzrahmens NRW (alternativ könnte hier jede andere landesspezifische Vorgabe oder Empfehlung gesetzt werden, die sich am KMK-Vorgehen orientiert) im Rahmen einer Unterrichtsplanung und -durchführung berücksichtigen möchte oder muss. Dabei wird in grundsätzlicher Weise davon ausgegangen, dass konkrete Umsetzungsvorschläge, wie genau dies im jeweiligen Fachunterricht zu erfolgen hat, nicht vorliegen und dass es sich hierbei um eine Anforderung handelt, die hinzukommt, für die aber gleichzeitig keine zusätzlichen zeitlichen Ressourcen im Unterricht erübrigt werden können. Des Weiteren liegen den Überlegungen folgende Prämissen zur Berücksichtigung der Vermittlung von Medienkompetenz und dem lernförderlichen Einsatz digitaler Medien im Unterricht zugrunde:

- Der zentrale Ort der Vermittlung von Medienkompetenz ist der Fachunterricht.

- Eine umfassende Medienbildung erfolgt im Zusammenspiel aller Fächer: Jedes Fach kann und muss nur einen begrenzten Beitrag zur Vermittlung von Medienkompetenz leisten.
- Im Regelfall erfolgt der Einsatz digitaler Medien nicht zum Selbstzweck, d.h. die fachliche Zielsetzung ist dominierend.
- Medienbildung umfasst nicht nur digitale Medien, im Folgenden werden aber digitale Medien fokussiert.
- Digitale Medien werden zur Anregung und Unterstützung von Lehr- und Lernprozessen eingesetzt (Mediendidaktik) und/oder als Gegenstand in den Blick genommen (Medienerziehung).
- Es gilt das Primat des Pädagogischen, wonach grundsätzliche Zielvorstellungen von Bildung und Erziehung (z.B. Mündigkeit) auch (digitale) medienbezogene Unterrichtszugänge determinieren.
- Die Vorgaben der verbindlichen Ordnungsdokumente (Kerncurriculum, Kernlehrpläne etc.) markieren den Ausgangspunkt der Unterrichtsplanung.
- Medienbezogene Aspekte der Unterrichtsplanung folgen denselben didaktischen Leitkriterien wie jede andere Unterrichtsplanung (z.B. Zukunftsbedeutung etc.)
- Erschließungsfragen zur Umsetzung medienbezogener Handlungssituationen im Unterricht müssen so simpel wie möglich und so komplex wie nötig sein, um realistischerweise Eingang in den Unterricht zu finden.

Die nachfolgenden Ausführungen sind bewusst so generisch gehalten, dass sie für Lehrkräfte aller Schulformen und Fächer einen Anknüpfungspunkt darstellen können. Ziel dieser Ausführungen ist zu demonstrieren, dass Unterrichtsszenarien, die ‚das Digitale' zeitgemäß reflektieren und digitale Technologien zielführend nutzen, kein Hexenwerk sind und in einem ersten Zugriff vermutlich mit nur geringem zusätzlichen Aufwand und bereits vorhandenen Fertigkeiten realisierbar sind.

5.1 Schritt 1: Auseinandersetzung mit der medienbezogenen Ausgangslage der Schülerinnen und Schüler

Wie bei jeder Unterrichtsplanung ist die Ausgangslage der Schülerinnen und Schüler in den Blick zu nehmen. Für medienbezogene Unterrichtszugänge sind hier etwa die repräsentativen Untersuchungen zum Medienumgang von Kleinkindern, Kindern und Jugendlichen des medienpädagogischen Forschungsverbundes Südwest eine instruktive Grundlage (https://www.mpfs.de). Lehrkräfte können sich hier ein Bild darüber machen, über welche Medienausstattung die Lernenden und ihre Familien statistisch verfügen, wozu sie (digitale) Medien nutzen, mit welchen Geräten sie ins Internet gehen, was sie sich dort anschauen, wie sie mit Informationen über sich im Netz umgehen, wie sie Informationen im Netz bewerten oder wie sie das Internet zur Bearbeitung von Hausaufgaben nutzen. Dies stellt einen möglichen Zugriff dar. Selbstverständlich finden sich viele weitere größere und kleinere Studien und Untersuchungen zur Medienkompetenz und zur medienbezogenen Nutzungsweise. In Art und Anlage sind aber gerade diese Übersichten ein niedrigschwelliger Zugriff.

5.2 Schritt 2: Auseinandersetzung mit vier Kernfragen

Nachdem auf dieser Basis eine grundsätzliche Einschätzung der medienbezogenen Ausgangslage der Lernenden möglich ist, setzt die Lehrkraft die medienbezogene Unterrichtsplanung entlang der nachfolgenden vier Kernfragen fort.

Kernfrage 1: Sind (digitale) Medien, medienbezogene Themen oder die Vermittlung von Medienkompetenz das hauptsächliche Thema oder Ziel des Unterrichts?

Diese Frage wird die Lehrkraft vermutlich dann am ehesten mit ja beantworten, wenn z.B. im Rahmen einer Projektwoche zum Thema ‚Digitalisierung' nicht das fachliche Lernen innerhalb einer Domäne im Vordergrund steht. Die Vorgaben des Medienkompetenzrahmens lassen sich auf dieser Basis dann ganz flexibel und vermutlich sogar besonders umfassend einbinden, gegebenenfalls sogar mit externen medienpädagogischen Fachkräften. Im ‚unterrichtsbezogenen Tagesgeschäft' wird diese Frage aber vermutlich größtenteils verneint und Kernfrage 2 ist in den Blick zu nehmen.

Kernfrage 2: Führt die Digitalisierung dazu, dass sich die Gegenstände und Themen des Faches verändern?
Diese Frage markiert das Herzstück im Zuge der Planung medienkompetenzförderlichen Unterrichts. Die Lehrkraft setzt sich hierbei in grundsätzlicher Weise mit ihrem Fach auseinander und fragt sich, ob ein zeitgemäßer Fachzugang eine Berücksichtigung dessen, was einleitend zur Digitalisierung formuliert worden ist, erforderlich macht. Kommt sie zu der Einschätzung, dass dem nicht so ist, ist nur noch Kernfrage 4 in den Blick zu nehmen. Bejaht die Lehrkraft diese Frage, dann sind die Unterrichtsplanungen im Fach grundsätzlich auch unter der Perspektive der Medienbildung auszugestalten und Kernfrage 3 und 4 sind zu berücksichtigen.

Kernfrage 3: Erfordert ein konkretes Unterrichtsthema im Sinne der Gegenwarts- und Zukunftsbedeutung sowie der exemplarischen Bedeutung die Berücksichtigung medienbezogener Fragestellungen und/oder den Einsatz (digitaler) Medien?
Nachdem die Lehrkraft in grundsätzlicher Weise bejaht hat, dass die Digitalisierung auch ihr Fach und seine Gegenstände tangiert, fragt sie sich mit Blick auf die Planung einer ganz konkreten Unterrichtsreihe oder Stunde an dieser Stelle, ob hierfür eine Berücksichtigung medienbezogener Zugänge erforderlich ist. Wenn nicht, dann ist nur noch Kernfrage 4 aufzugreifen. Wenn ja, dann ist das konkrete Unterrichtsthema unter der Perspektive medienbezogener Fragestellungen und/oder des Einsatzes digitaler Medien vorzubereiten.

Kernfrage 4: Lassen sich Lernergebnisse durch den Einsatz von (digitalen) Medien verbessern und/oder lassen sich Unterrichtsprozesse durch digitale Medien unterstützen und optimieren?
Unabhängig von themenbezogenen Zugängen ist diese Frage bei jedem Unterrichtsvorhaben von jeder Lehrkraft in den Blick zu nehmen und stellt nichts anderes dar, als eine alte Frage unter neuen Vorzeichen, nämlich welches Medium den Unterricht am besten unterstützt. Hierbei sind digitale Möglichkeiten grundsätzlich auch zu prüfen. Gemäß der hier angenommenen Prämissen ist ihr Einsatz aber kein Selbstzweck, sondern konkurriert mit anderen Zugängen.

5.3 Schritt 3: Die medienbezogene Unterrichtsplanung auf Basis des Medienkompetenzrahmens NRW

Stellt sich bis hierher heraus, dass die Themen, Inhalte und Gegenstände des geplanten Unterrichts auch unter medienbezogenen Gesichtspunkten vorzubereiten sind, um sach- und zeitgemäß zu sein, dann geht es im nächsten Schritt darum, die Unterrichtsplanung auf Basis des Medienkompetenzrahmens NRW zu konkretisieren. Hier sind mindestens zwei Zugänge möglich, die auch flexibel kombiniert werden können.

1. Erst planen, dann den Medienkompetenzrahmen berücksichtigen

Bei dieser Vorgehensweise nimmt die Lehrkraft die Vorgaben des für sie in der jeweiligen Situation zentralen Ordnungsdokuments (z. B. Kerncurriculum, Kernlehrpläne etc.) und ihre vielleicht bereits vorliegenden Unterrichtsplanungen ohne (digitalen) Medienbezug in den Blick und prüft, ob sich Anknüpfungspunkte für eine Vermittlung von Medienkompetenz im Sinne der Kompetenzbereiche des Medienkompetenzrahmens NRW ergeben. Angenommen eine Deutschlehrkraft hat sich bisher ohne expliziten Bezug zur Digitalisierung mit dem Thema ‚Journalistische Darstellungsformen' beschäftigt, dann würde sie dieses Thema nun in der von ihr bisher behandelten Weise in den Blick nehmen und sich z.B. fragen,

- ob eine Kompetenzvermittlung im Sinne des Medienkompetenzrahmens NRW einer ‚digitalen Justierung' der Bearbeitung des Themas bedarf?
- wie sich das Thema (auch) unter den Vorzeichen der Digitalisierung bearbeiten lässt?
- welche Kompetenzfacetten des Medienkompetenzrahmens NRW dann angeschnitten würden?

Auf dieser Basis kommt es dann zur Planung und Durchführung des Themas. Im angeführten Beispiel würden dann möglicherweise journalistische Darstellungsformen im Netz zusätzlich zur bisherigen Bearbeitung im Unterricht in den Blick genommen werden. Schülerinnen und Schüler könnten z.B. den Auftrag erhalten, aktuelle Netznachrichten zu sichten und zu reflektieren. Ein so angelegter Unterricht trüge etwa zum Kompetenzbereich *2. Informieren und Recherchieren* bei.

2. Vom Medienkompetenzrahmen ausgehend planen
Bei dieser Vorgehensweise beginnt die Lehrkraft ihre Unterrichtsplanung mit einem Blick in den Medienkompetenzrahmen NRW und prüft auf Basis ihrer fachlichen Expertise, ob sich für den geplanten Unterricht Anknüpfungspunkte ergeben. Wenn etwa vorgesehen ist, dass Schülerinnen und Schüler etwas präsentieren sollen, dann könnte der Blick in den Medienkompetenzrahmen NRW die Lehrkraft dazu inspirieren, hierzu digitale Werkzeuge (z.B. eine Präsentationssoftware) einzusetzen. Ein solcher Bestandteil des Unterrichts trüge dann zum Kompetenzbereich *3. Kommunizieren und Kooperieren* bei (vgl. MB/NRW 2018).
Sowohl aus der einen als auch aus der anderen Perspektive, die sich vermutlich gar nicht ganz klar voneinander abgrenzen (müssen), ist der Schwerpunkt der Berücksichtigung der ‚Digitalisierung im Sinne einer Vermittlung von Medienkompetenz im Fachunterricht' die pädagogische und (fach-)didaktische Expertise der Lehrkraft. Ausgehend von dieser (bestenfalls ja ohnehin vorhandenen) Ressource, erfolgt eine Berücksichtigung dieser neuen Bildungs- und Erziehungsfacette. Mit dieser Professionalität wird der Medienkompetenzrahmen NRW zur Hand genommen und unter den Vorzeichen des eigenen Faches gesichtet. Viele ‚digitale Zugänge' liegen mit diesem Blick dann beinahe auf der Hand. Die Berücksichtigung der Digitalisierung als Gegenstand erfordert in einem ersten Zugriff keine neuen didaktischen Kompetenzen. Die eigentliche Herausforderung und ein daraus resultierender Mehraufwand liegen vermutlich am ehesten darin, dass sich Lehrkräfte darin einarbeiten müssen, wie sich die jeweiligen fachlichen Bezüge aus einer fachwissenschaftlichen Sicht vor dem Hintergrund der Digitalisierung verändern. Letztlich ist dies aber auch keine neue Aufgabe, sondern etwas, was immer schon getan werden musste. Das eigentlich Neue ist die Geschwindigkeit, mit der sich fachliche Gegenstände unter digitalen Vorzeichen verändern. Der vertraute und gewohnte Rückgriff auf erprobte Materialien und in langen Verfahren zugelassenen Lehrmitteln wird hierbei nicht möglich sein und derzeit ist noch keine Systematik eingeführt, die eine adäquate Alternative darstellt. Mit dieser fachwissenschaftlichen Anforderung ist die Lehrkraft also ein Stück weit alleine gelassen. Die systematische Vermittlung von Medienkompetenz über alle Fach-

unterrichte hinweg wird deshalb vermutlich dann am besten gelingen, wenn sich Fachschaften und Kollegien arbeitsteilig und in kooperativen Arrangements mit dieser Frage auseinandersetzen.

5.4 Schritt 4: Digitale Medien lernförderlich im Unterricht einsetzen

Hat sich die Lehrkraft der Anpassung des Gegenstands unter den thematischen Vorzeichen einer digital vernetzten Gesellschaft zugewandt, folgt ein letzter für jeden Unterricht obligatorischer Schritt: Nämlich die Frage, welcher Medieneinsatz im Unterricht wirkungsvoll ist. Gerade diesen Bereich verbinden bildungspolitische Proklamationen gerne mit einer Ankündigung einer Lernrevolution oder völlig neuen Möglichkeiten, die alles bisher Dagewesene in den Schatten stellen (vgl. z.B. BMBF 2016). Vermutlich ist der empfundene Druck von Lehrkräften diesbezüglich besonders hoch, da zwar allenthalben suggeriert wird, dass das Lernen nun digital und besser ist, aber diffus bleibt, was genau das bedeutet und wie es gelingen soll. Das Feld an Studien, die ein hilfreicher Anknüpfungspunkt sind, ist bisher noch überschaubar. Hier sollen deshalb folgende Vorschläge zum Umgang damit gemacht werden:

1. Digitale Lernszenarien sind vor allem aus der Perspektive der fachdidaktischen Forschung noch nicht für jedes Fach systematisch in den Blick genommen worden. Wünschenswert wäre deshalb eine ‚kritische Neugierde', mit der Lehrkräfte den Einsatz digitaler Werkzeuge als Profis für Lehren und Lernen ausprobieren und Erfahrungen austauschen.
2. Alle denkbaren Einsatzszenarien digitaler Medien sollten immer auch dahingehend geprüft werden, ob sie sich mit der vorhandenen technischen Infrastruktur der Schule durchführen lassen. Wenn z.B. das Netz der Schule so schwach ist, dass digitale Anwendungen mit großen Gruppen nicht reibungslos erfolgen können, dann sollten sich Lehrkräfte ohne schlechtes Gewissen dazu entschließen dürfen, auf den Einsatz digitaler Medien zu verzichten und dies zugleich als Appell und Ansporn sehen, einen auf die Verbesserung gerichteten Schulentwicklungsprozess anzustoßen und ihren bildungspolitischen Einfluss geltend zu machen.

3. Das, was sich zur Stunde als tragfähig erwiesen hat, sollte beim erprobenden Einsatz berücksichtigt werden.

Generalisierbare Befunde zum Lernen mit digitalen Medien finden sich bisher nur selten, was gemessen am jungen Alter der Phänomene erwartungsgemäß ist. Unter der Perspektive, wie wirksam der Einsatz digitaler Medien mit Blick auf einen höheren Lernerfolg ist, bieten die Ausführungen von Herzig (2014) und Hillmayr/Reinhold/Ziernwald/Reiss (2017) einen instruktiven Überblick (beide Studien sind online verfügbar). Im Kern verweisen beide Betrachtungen auf lernförderliche Potenziale (Wissenserwerb, Problemlöse- und Transferfähigkeit), die mit dem zielgerichteten Einsatz digitaler Medien verbunden sein können. Dies allerdings ist sowohl auf Seiten der Lehrkräfte als auch der Schülerinnen und Schüler voraussetzungsreich, etwa mit Blick auf Vorwissen und medienbezogene Einstellungen und keineswegs pauschal anzunehmen (vgl. Herzig 2014). Der Einsatz digitaler Medien zum Lernen bedarf geschulter Fachlehrkräfte, erfolgt bestenfalls in Partnerarbeitsphasen und ergänzt klassische Unterrichtsmedien phasenweise (vgl. Hillmayr et al. 2017). Bei allen Fragen, die ungeklärt bleiben, ist dies zumindest eine erste (mehr als grobe) Richtschnur, auf deren Basis Lehrkräfte(-teams) vorhandene Angebote im Netz, in App-Stores und bei Schulbuchverlagen sichten und erproben könnten.

6. Fazit

Der hier in aller Kürze skizzierte Weg kann nur ein erster Zugriff sein, deutet aber an, dass Lehrkräfte als pädagogische Profis für ihren Unterricht bereits über viele der Voraussetzungen und Befähigungen verfügen, die es braucht, um medienbezogene Unterrichtsplanungen in einer digital vernetzten Welt aufzunehmen. Je nach technischer und persönlicher Voraussetzung verstehen sich viele Möglichkeiten und (bildungspolitische) Vorgaben gegenwärtig vielmehr als Richtwert denn als klare Zielperspektive. Ziel sollte es deshalb sein, die Möglichkeiten auszuschöpfen, die gegenwärtig bestehen. Eine begleitende Fundierung durch die Fachdidaktiken, auf deren Basis dann Materialien sowie Lehr- und Lernszenarien entwickelt, erprobt und zur Verfügung gestellt werden (bestenfalls in Kooperation mit Lehrkräften), muss parallel ausgeweitet werden. Im Kern sollte es darum gehen, ein Professionsverständnis auszubilden, das die Notwendigkeit zur dauerhaften Veränderungs- und Anpassungsbereitschaft sowie Fort- und Weiterbildung umfasst. Dass diese Bereitschaft auf eine entsprechende Infrastruktur stößt (z.B. Ausstattung, Materialien, zeitliche und finanzielle Ressourcen für Fort- und Weiterbildung) ist eine der vordringlichen bildungspolitischen Aufgaben in einer digital vernetzten Welt.

Literatur

BMBF [Bundesministerium für Bildung und Forschung] (2016): Bildungsoffensive für die digitale Wissensgesellschaft. Strategie des Bundesministeriums für Bildung und Forschung.

DCB [Forschungsgruppe Lehrerbildung Digitaler Campus Bayern] (2017): Kernkompetenzen von Lehrkräften für das Unterrichten in einer digitalisierten Welt. In: merz Zeitschrift für Medienpädagogik, 61, H.4, 65–74.

GI [Gesellschaft für Informatik] (2016): Dagstuhl-Erklärung. Bildung in der digital vernetzten Welt. Eine gemeinsame Erklärung der Teilnehmerinnen und Teilnehmer des Seminars auf Schloss Dagstuhl – Leibniz-Zenrum für Informatik GmbH.

Herzig, Bardo/Martin, Alexander (2018): Lehren und Lernen mit digitalen Medien. Herausforderungen und Chancen. INDES Zeitschrift für Politik und Gesellschaft, 2, 61–67.

Herzig, Bardo/Martin, Alexander/Schaper, Niclas/Ossenschmidt, Daniel (2015): Modellierung und Messung medienpädagogischer Kompetenz – Grundlagen und erste Ergebnisse. In: Koch-Priewe, Barbara/Köker, Anne/Seifried, Jürgen/Wuttke, Eveline (Hrsg.): Kompetenzerwerb an Hochschulen: Modellierung und Messung. Zur Professionalisierung angehender Lehrerinnen und Lehrer sowie frühpädagogischer Fachkräfte. Bad Heilbrunn, 153–176.

Herzig, Bardo (2014): Wie wirksam sind digitale Medien im Unterricht? Bielefeld.

Hilbert, Martin/López, Priscila (2011): The World's Technological Capacity to Store, Communicate, and Compute Information. In: SCIENCE, 332, V.1, 60–65.

Hillmayr, Delia/Reinhold, Frank/Ziernwald, Lisa/Reiss, Kristina (2017): Digitale Medien im mathematisch-naturwissenschaftlichen Unterricht der Sekundarstufe. Einsatzmöglichkeiten, Umsetzung und Wirksamkeit. Münster.

KMK [Kultusministerkonferenz] (2016): Bildung in der digitalen Welt. Strategien der Kultusministerkonferenz.

Knaus, Thomas (2016): digital – medial – egal? Ein fiktives Streitgespräch um digitale Bildung und omnipräsente Adjektive in der aktuellen Bildungsdebatte. In: Brüggemann, Marion/Knaus, Thomas/Meister, Dorothee (Hrsg.): Kommunikationskulturen in digitalen Welten. Konzepte und Strategien der Medienpädagogik und Medienbildung. München, 99–130.

Knaus, Thomas (2017): Verstehen – Vernetzen – Verantworten. Warum Medienbildung und informatische Bildung uns alle angehen und wie sie gemeinsam weiterentwickeln sollten. In: Diethelm, Ira (Hrsg.): Informatische Bildung zum Verstehen und Gestalten der digitalen Welt. 17. GI-Fachtagung Informatik und Schule. Bonn: Gesellschaft für Informatik (GI), 31–48. URN: urn:nbn:de:0111-pedocs-148626.

Krotz, Friedrich (2017): Sozialisation in mediatisierten Welten. Mediensozialisation in der Perspektive des Mediatisierungsansatzes. In: Hoffmann, Dagmar/Krotz, Friedrich/Reißmann, Wolfgang (Hrsg.): Mediatisierung und Mediensozialisation. Prozesse – Räume – Praktiken. Wiesbaden, 21-40.

MB/NRW [Medienberatung NRW] (2018): Medienkompetenzrahmen NRW.

Süss, Daniel/Lampert, Claudia/Wijnen, Christine W. (2013): Medienpädagogik. Ein Studienbuch zur Einführung. 2., überarbeitete und aktualisierte Aufl. Wiesbaden.

Tulodziecki, Gerhard/Herzig, Bardo/Grafe, Silke (2010): Medienbildung in Schule und Unterricht. Grundlagen und Beispiele. Bad Heilbrunn.

2. Einblicke in konkrete Ausgestaltungen und Umsetzungen

2.1 Digitale Möglichkeiten zur Begleitung und Reflexion Schulpraktischer Studien

Mechthild Wiesmann

Lernmodule zum Forschenden Lernen in den Praxisphasen der Kölner Lehrkräftebildung

Mit der Einführung des Praxissemesters in den Lehramtsstudiengängen in NRW hat das hochschuldidaktische Konzept des Forschenden Lernens noch einmal an Relevanz gewonnen. Das Prinzip des Forschenden Lernens wird im Praxissemester konkret greifbar. In der Ausbildungsregion Köln führen die Lehramtsstudierenden in einem ihrer Fächer ein Studienprojekt am Lernort Schule durch, bei dem sie eine selbstgewählte Fragestellung erforschen. Für viele Studierende ist das Studienprojekt, das zeigen die Evaluationen, eine große Herausforderung. Es scheint deshalb naheliegend, schon in den frühen Praxisphasen des Bachelorstudiums die Entwicklung einer forschenden Lernhaltung anzubahnen, um Berührungsängsten mit forschenden Tätigkeiten frühzeitig zu begegnen. Am ZfL der Universität zu Köln, das die Durchführung der Bachelor-Praxisphasen organisatorisch und inhaltlich verantwortet, wurden daher Lernmodule entwickelt, die Studierende bereits in den beiden Bachelor-Praxisphasen an Forschendes Lernen heranführen.

1. Aufbau der Praxisphasen im Lehramtsstudium an der Universität zu Köln

Das für das Praxissemester (PS) entwickelte Konzept wurde für die Bachelorpraxisphasen weiterentwickelt und praxisphasenübergreifend betrachtet. Studierende führen in ihrem Eignungs- und Orientierungspraktikum (EOP) und im Berufsfeldpraktikum (BFP) anhand von Untersuchungsfragen erste theoriegeleitete Praxiserkundungen in Form von Beobachtungen und Befragungen durch und reflektieren ihre Erfahrungen und Ergebnisse.
Die folgende Aufzählung zeigt die Praxisphasen im Lehramtsstudium, den Zeitpunkt im Studienverlauf und die Aufgaben im Sinne Forschenden Lernens.

- EOP im 1. Studienjahr: Beobachtungsaufgabe
- BFP im 2. Studienjahr: Leitfadengestütztes Interview
- Praxissemester im 4. Studienjahr: Studienprojekt

Die Praxisphasen an der Universität zu Köln beruhen auf drei Säulen, mit denen kontinuierlich notwendige Kompetenzen für den späteren Beruf als Lehrkraft auf- und ausgebaut werden können:

- Lernteam-Arbeit
- Reflexion
- Forschendes Lernen.

Während mit der Lernteam-Arbeit kooperative Fähigkeiten gefördert werden sollen, steht bei der Führung des obligatorischen E-Portfolios die Ausbildung einer reflexiven Haltung und Kompetenz der Studierenden im Vordergrund (vgl. Krämer 2016; Boos 2018). Die Lernmodule zum Forschenden Lernen fördern die Ausbildung einer forschenden Haltung bei den Studierenden (vgl. Boesken 2015). Das Forschende Lernen ist eine wichtige Kompetenz für (angehende) Lehrerinnen und Lehrer, die sie ihr Berufsleben lang begleiten soll, um den Beruf professionell ausüben zu können. Studierende werden durch das Forschende Lernen befähigt, sich aktiv und eigenständig mit Themen auseinanderzusetzen, auf relevante Fragestellungen aufmerksam zu werden und diese wissenschaftlich zu untersuchen, auszuwerten und aufzubereiten. Dies sind wichtige Kompetenzen für das Beurteilen von Situationen und das Treffen von Entscheidungen aus einer gewissen Distanz und nicht nur ‚aus dem Bauch heraus'. Im Unterricht, bei Elterngesprächen, bei der Notengebung oder auch im Kontakt mit außerschulischen Partnerinnen und Partnern ist es wichtig, Situationen distanziert zu betrachten und Entscheidungen bewusst zu reflektieren. Nur so können Fälle differenziert wahrgenommen und belegbare Schlussfolgerungen für das eigene Handeln gezogen werden (vgl. Fichten 2017).

2. Bestandteile der Seminarkonzeption im Bereich des Forschenden Lernens

Bestandteile des Forschenden Lernens sind unter anderem das Kennenlernen unterschiedlicher Forschungsmethoden und deren Erprobung. Die Studierenden erhalten einen Überblick über quantitative und qualitative Forschungsmethoden und erproben die Methoden der Beobachtung und des leitfadengestützten Interviews in den Bachelor-Praxisphasen.
Um diese Vermittlung von Fachinhalten und -kompetenzen nachhaltig und einheitlich zu gestalten, werden die Praxisphasen durch Seminare, angeleitete Lernteamarbeit, eine Reflexion im E-Portfolio und ein digitales Angebot in dem Lernmanagementsystem ILIAS für Studierende und Dozierende begleitet. In ILIAS stehen den Studierenden, Dozierenden oder anderen Interessenten im sogenannten diggiHörsaal alle Materialien des digitalen Lehrkonzepts des ZfL für die Begleitveranstaltungen zu den Praxisphasen zur Verfügung. Integriert sind u.a. Lernmodule, Lernvideos, Lernskripte, Powerpoints, Tutorials, Anleitungen, Podcasts, ein Quiz sowie Umfragen.
In diesem Artikel werden die Lernmodule zum Forschenden Lernen näher vorgestellt, die seit 2018 im diggiHörsaal für die Studierenden bereitstehen. Im Angebot sind zurzeit zehn Lernmodule zum Forschenden Lernen im Eignungs- und Orientierungspraktikum und Berufsfeldpraktikum. Ein Basismodul zum Forschenden Lernen ist derzeit in Arbeit und wird voraussichtlich im Wintersemester 2019 veröffentlicht.

Lernmodule zum Forschenden Lernen im Eignungs- und Orientierungspraktikum

- Grundlagen
- Vorüberlegungen
- Literaturrecherche
- Durchführung der Beobachtungsaufgabe
- Auswertung Reflexion und Dokumentation

Lernmodule zum Forschenden Lernen im Berufsfeldpraktikum

- Grundlagen
- Forschungsmethoden
- Leitfadengestütztes Interview
- Durchführung des leitfadengestützten Interviews
- Auswertung Reflexion und Dokumentation

3. Gründe für den Einsatz von Lernmodulen

Der Einsatz von Lernmodulen zur Vermittlung der Fachinhalte erfolgt aus unterschiedlichen Gründen. Diese werden im Folgenden dargestellt.

3.1 Erhöhung der Medienkompetenz bei den Lehramtsstudierenden im Sinne des didaktischen Doppeldeckers

Lehramtsstudierende erleben als Lernende die Möglichkeiten neuer Medien, erproben den Umgang in ihren eigenen Lernprozessen und werden dabei für den selbstständigen vermittlungsdidaktisch-professionellen Einsatz in der Schule vorbereitet. Indem die Studierenden als Lernende mit digitalen Medien wie Lernmodulen arbeiten, werden die Inhalte auf der Handlungsebene erfahrbar gemacht. Diese Erfahrungen werden explizit angesprochen und mit Theoriewissen verknüpft.

3.2 Flexibilität durch individuelles und selbstbestimmtes Lernen

Damit die Lehramtsstudierenden die Lerninhalte orts- und zeitunabhängig und im eigenen Tempo bearbeiten können, stehen die Lernmodule über die Lernmanagementplattform ILIAS bereit. Die responsible Gestaltung ermöglicht die Bearbeitung der Lerninhalte auch auf kleineren Endgeräten wie z.B. Tablets. Das wiederholte Nachschlagen wird durch das Aufteilen in kleine Lernmodule, auch Lernnuggets genannt, erleichtert. Zudem stehen Checklisten, Hinweise und Kriterien als Einzeldokumente zur Verfügung.

3.3 Binnendifferenzierung und Berücksichtigung unterschiedlicher Lerntypen

Die Lernmodule bieten neben der Flexibilität zusätzlich den Vorteil, dass unterschiedliche Lerntypen berücksichtigt und eine Binnendifferenzierung durch die Bereitstellung von vertiefenden Informationen ermöglicht werden können. (vgl. van Ackeren/Kerres/Heinrich 2017) Binnendifferenzierung wird in den Lernmodulen beispielsweise durch den Abruf vertiefender Informationen zu Themenaspekten über den so genannten Nerd-Button (vgl. Abb. 1) erreicht. Über den Nerd-Button sind Hintergrundinformationen mit einer unterschiedlichen inhaltlichen Tiefe hinterlegt, angefangen von einer Checkliste bis hin zu einer umfangreichen Erläuterung. Wenn die Studierenden Hilfe bei der Bearbeitung der Aufgaben zum Forschenden Lernen benötigen, können über den Nerd-Button Videos von Themenrecherchen, dem Verfassen von Kernaussagen zu einem wissenschaftlichen Artikel oder dem Ausfüllen einer E-Portfolio-Aufgabe abgerufen werden.

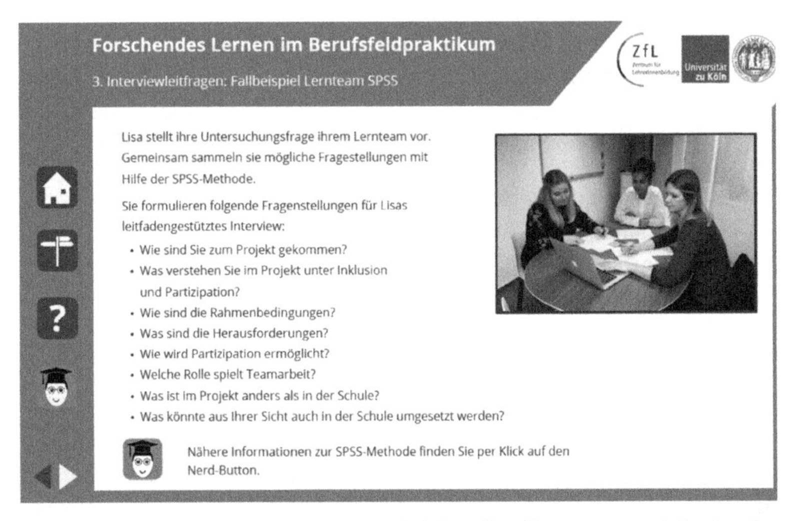

Abb. 1: Screenshot aus einem Lernmodul: Bereitstellung von vertiefenden Informationen

3.4 Gleichbleibende Qualität und Quantität bei den vermittelten Inhalten

Die digitalen Lernangebote ermöglichen nicht nur Studierenden mit mehreren Sinnen, individuell und selbstbestimmt lernen zu können, sondern wirken auch auf Seite der Lehrenden informations- und qualitätssichernd. Die Dozierenden der Vorbereitungs-, Begleit- und Anerkennungsseminare für die Praxisphasen kommen größtenteils aus der Schulpraxis. Die digital zur Verfügung gestellten Informationen, Inhalte und Lernmodule unterstützen sie dabei, ihre schulpraktische Expertise bestmöglich mit hochschuldidaktischen Anforderungen zu verbinden. Die Begleitmaterialien, die Lernmodule und die Möglichkeiten zum gemeinsamen Arbeiten in dem Lernmanagementsystem ILIAS werden den Dozierenden im Rahmen einer Informationsveranstaltung vorgestellt. Durch das digitale Medienangebot in Form von Präsentationen, Hintergrundpapieren, Aufgaben und Lernmodulen erhalten die Dozierenden ein didaktisches Hilfsmittel; parallel wird eine einheitliche Grundqualität in den Seminaren gewährleistet.

4. Angewendete Prinzipien bei der Erstellung der Lernmodule

Die Lernmodule sind nach den folgenden Prinzipien gestaltet:

- Übersichtlichkeit/Benutzerfreundlichkeit
- inhaltliche Korrektheit/Verständlichkeit/richtiger Grad an Komplexität
- anwendungsorientierte Darstellung
- ansprechende abwechslungsreiche Darstellung
- Interaktivität

Ausführlicher werden die Prinzipen in dem Beitrag *Der Universitätsverbund für digitales Lehren und Lernen in der Lehrer/-innenbildung in NRW (digiLL_NRW)* von Björn Bulizek und Mechthild Wiesmann in diesem Band beschrieben.

5. Methodik der Lernmodule

Alle zehn Lernmodule sind durch die angewendeten Prinzipien einheitlich gestaltet. Dies drückt sich durch die inhaltliche Strukturierung, das didaktische Konzept und das verwendete Rahmendesign aus. Diese Einheitlichkeit wird durch die in allen Lernmodulen verwendete Methodik weiter unterstrichen und verdeutlicht so den phasenübergreifenden Absatz.

5.1 Forschungskreis

Die praxisphasenübergreifende Ausrichtung der Lernmodule zielt auf einen sukzessiven Kompetenzaufbau bei den Studierenden und basiert auf einem Forschungskreislauf, den die Studierenden wiederholt mit unterschiedlichen Schwerpunktsetzungen durchlaufen. Der verwendete Forschungskreislauf ist angelehnt an Ludwig Huber, der den Begriff des Forschenden Lernens im deutschsprachigen Raum seit den späten 1960er Jahren maßgeblich geprägt hat (vgl. Huber 2009). Der zugrunde gelegte Forschungskreis bietet dabei eine Orientierung und stellt zudem die Verbindung zwischen den Praxisphasen her.

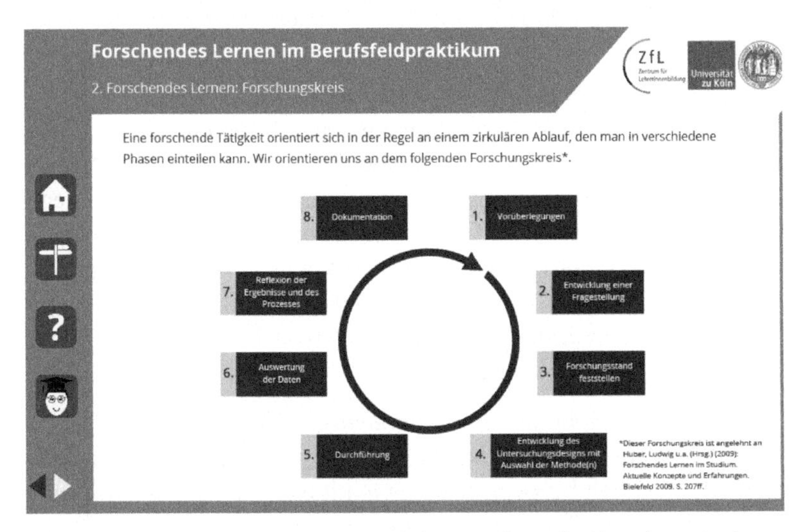

Abb. 2: Screenshot aus einem Lernmodul: Darstellung des Forschungskreises

Dieser Forschungskreis wird zunächst vorgestellt und erläutert. Dieser gibt grafisch immer wieder eine Einordnung, an welcher Stelle im Forschungskreis sich der oder die Lernende befindet. In jeder Praxisphase wird der Forschungskreis komplett durchlaufen, damit deutlich wird, dass alle Schritte eine wichtige Rolle spielen und am Ende des Studiums alle Schritte des Forschungsprozesses durchgeführt werden können: das Finden einer geeigneten Untersuchungsfrage ist ebenso wichtig wie das Auswählen der geeigneten Methode, die Durchführung und Dokumentation der forschenden Tätigkeit oder die Auswertung der Ergebnisse. Auch die Reflexion wird in den Lernmodulen jeder Praxisphase beschrieben, damit aus der forschenden Tätigkeit für den weiteren Professionalisierungsprozess Schlüsse gezogen und die Kompetenzen sukzessive immer weiter ausgebaut werden können.
In den einzelnen Praxisphasen und den Lernmodulen werden aber Schwerpunkte im Forschungskreis gesetzt und Schritte des Forschungsprozesses stärker thematisiert, andere dabei nur angerissen. Je nachdem, in welcher Phase ihres Studiums die Studierenden sich befinden, werden also Kompetenzen und Methoden eingeübt oder auch vorausgesetzt.
Die Schwerpunkte in den einzelnen Praxisphasen werden wie folgt gesetzt:

- *EOP: Forschungsmethode Beobachtung*

Da die Studierenden in ihrem Eignungs- und Reflexionspraktikum in der Regel zum ersten Mal nach der eigenen Schulzeit an einer Schule sind und der Fokus eher weniger auf dem eigenen Unterrichten liegt, liegt der Schwerpunkt in dieser Praxisphase v.a. auf der Beobachtung. Im Forschungskreislauf wird der Fokus entsprechend auf die Vorüberlegungen zur Themenfindung, die Entwicklung einer Fragestellung, nebst mehrmaliger Anpassungen und Vertiefungen sowie die Literaturrecherche gelegt.

- *BFP: Forschungsmethode leitfadengestütztes Interview*

Das BFP ist ein außerschulisches Praktikum im pädagogischen, sozialen oder fachlich bezogenen Bereich mit dem Ziel einen Blick über den persönlichen Tellerrand zu werfen. Das Interview schafft die Möglichkeit, diesen Blick über den Tellerrand mit Leitfragen strukturiert anzugehen. Der Schwerpunkt liegt daher auf der Entwicklung des Untersuchungsdesigns und der Durchführung des leitfadengestützten Interviews.

- *PS: beliebige Forschungsmethode durch durchzuführendes Studienprojekt*

Ziel des Praxissemesters ist, das im Lehramtsstudium erworbene fach- und bildungswissenschaftliche sowie fachdidaktische Theorie-Wissen in der Berufspraxis anzuwenden. Im Praxissemester führen die Studierenden ein selbstgewähltes Studienprojekt durch und können die Forschungsmethode selber wählen. Im Fokus steht dann der komplette Forschungskreis. Als digitales Lernmaterial können das voraussichtlich bis zum Wintersemester 2019 entwickelte Basismodul zum Forschenden Lernen und die Lernmodule der Bachelorphasen zum Nachschlagen genutzt werden.

5.2 Handlungsorientierung durch Verwendung eines Fallbeispiels

Handlungsorientiertes Lernen findet in den Lernmodulen bei der Bearbeitung von Aufgaben anhand eines Fallbeispiels Anwendung. In allen Lernmodulen wird eine Beispielstudentin bei der Durchführung einer forschenden Tätigkeit in der jeweiligen Praxisphase ‚begleitet'. Die Lernenden können nachverfolgen, wie die Beispielstudentin ein Interview durchführt und können ihr bei der Bearbeitung von Portfolioaufgaben ‚über die Schulter schauen'. Dieses ‚Vorführen' der an die Studierenden gestellten Aufgaben durch das Fallbeispiel sorgt laut Treichel für einen positiven Lerneffekt. „Der Lerngegenstand wird vor allem dann ins Arbeitsgedächtnis aufgenommen und eventuell ins Langzeitgedächtnis transferiert, wenn der Lernende die Motivation und die Möglichkeit hat, das Gelernte durch mentale oder reale Aktivitäten auch anzuwenden" (Treichel 2014, 37).

5.3 Verknüpfung mit dem E-Portfolio

Eingebunden werden zudem die jeweils relevanten Reflexionsaufgaben aus dem E-Portfolio. Das Führen des E-Portfolios ist im Kölner Lehramtsstudium obligatorisch. Geleitet wird die Reflexion durch E-Portfolioaufgaben, die passgenau auf die Praxisphase zugeschnitten sind. Das Portfolio umfasst neben Pflichtaufgaben immer auch

Wahlaufgaben; die Aufgabe zum Forschenden Lernen ist in beiden Praxisphasen eine Pflichtaufgabe.

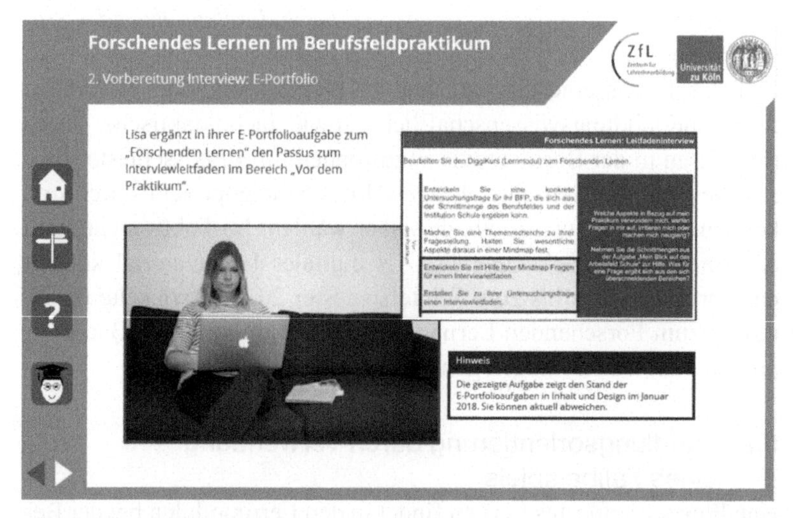

Abb. 3: Screenshot aus einem Lernmodul: Einbindung der E-Portfolioaufgaben in das Lernmodul zur Verdeutlichung der zu bearbeitenden Aufgaben, teilweise erfolgt die Bearbeitung in Form einer Simulation

Im Lernmodul werden zu jedem Schritt im Rahmen der Bearbeitung der Beobachtungsaufgabe oder des leitfadengestützten Interviews die dazu passenden E-Portfolioaufgaben gezeigt, beispielhaft werden einige ausgefüllt. Durch dieses wiederkehrende methodische Arbeiten und die Anbahnung einer forschenden Haltung werden die Lehramtsstudierenden zu „reflektierten Praktikern“ (vgl. Abels 2011) ausgebildet und es wird eine Grundlage für fachdidaktische und pädagogische Diagnostik im beruflichen Alltag geschaffen.

5.4 Überprüfung des Wissens

In den Lernmodulen erfolgt die Überprüfung des Wissens anhand von integrierten Fragen. Fragen werden dabei didaktisch nicht nur zur Überprüfung des zuvor vermittelten Inhalts eingesetzt, sondern auch zur Wissensvermittlung. Für die Überprüfung des Wissens stehen neben der Einbettung in die Lernmodule auch noch weitere

Möglichkeiten, wie beispielsweise ein Quiz nach der Bearbeitung der Lernmodule, zur Verfügung.

6. Fazit

Eine Evaluation der Lernmodule findet derzeit pro Praxisphase in Form einer Umfrage in ILIAS statt. Befragt werden die Studierenden und die Dozierenden. Erste Ergebnisse zeigen, dass die Lernmodule als hilfreich bei der Durchführung der forschenden Tätigkeit empfunden wurden. Eine detaillierte Auswertung steht noch aus.

Literatur

Abels, Simone (2011): LehrerInnen als „Reflective Practitioner". Dissertation. 1. Aufl., Wiesbaden.

Baddeley, Alan D. (2012): Working Memory: Theories, models, and controversies. In: Annual Review of Psychology, 63, 1, 1–29.

Boesken, Gesine/Dahlmanns, Claus/Mettler, Jens/Schwager-Büschges, Gaby (2015): Forschendes Lernen im Praxissemester. Leitfaden für die Ausbildungsregion Köln. (= Materialien zum Praxissemester in der Ausbildungsregion Köln, Band 5). Online unter https://zfl.uni-koeln.de/sites/zfl/Publikationen/Materialien_zum_PS/ZfL_Leitfaden_Forschendes_Lernen.pdf [Zugriff am 08.02.2019].

Boos, Maria/Dziak-Mahler, Myrle/Jaster, Svenja/Springob, Jan (2018): Die Reflexion der Praxisphasen im Lehramt als Schnittstelle zwischen Theorie und Praxis. (= Praxisphasen innovativ – Konzepte für die LehrerInnenbildung, Band 6). Online unter: https://zfl.uni-koeln.de/pp-innovativ.html [Zugriff am 08.02.2019].

Fichten, Wolfgang (2017): Forschendes Lernen in der Lehramtsausbildung. In: Mieg, Harald A./Lehmann, Judith (Hrsg.): Forschendes Lernen – Wie die Lehre in Universität und Fachhochschule erneuert werden kann. Frankfurt und New York, 155–164.

Huber, Ludwig u.a. (Hrsg.) (2009): Forschendes Lernen im Studium. Aktuelle Konzepte und Erfahrungen. Bielefeld.

Krämer, Astrid/Hesse, Sebastian (2016): Bachelor-Praxisphasen im Kölner Lehramtsstudium: Anspruch und Umsetzung. (= Praxisphasen innovativ – Konzepte für die LehrerInnenbildung, Band 4). Online unter: https://zfl.uni-koeln.de/pp-innovativ.html [Zugriff am 08.02.2019].

Treichel, Dietmar (2014): Handlungsorientiertes Lernen – Konsequenzen für die Mediendidaktik. In: Mayer, Horst O./ Treichel, Dietmar: Handlungsorientiertes Lernen und eLearning. München und Oldenbourg.

Van Ackeren, Isabell/Kerres, Michael/Heinrich, Sandrina (Hrsg.) (2018): Flexibles Lernen mit digitalen Medien ermöglichen. Münster und New York.

Weidenmann, Bernd (1995): Multicodierung und Multimodalität im Lernprozess. In: Issing, Ludwig J./Klimsa, Paul (Hrsg.) (1995): Information und Lernen mit Multimedia. Weinheim.

Wiesmann, Mechthild (2018): Schulpraxis forschend erkunden. Lernmodule zum forschenden Lernen in den Praxisphasen der LehrerInnenbildung. Poster auf der Fachtagung „U.EDU Fachtagung „Lehren und Lernen mit digitalen Medien". Online verfügbar unter: https://uedu.uni-kl.de/u-edu-fachtagung-2018/%20abstracts-und-poster-als-pdf [Zugriff am 08.02.2019].

Andreas Hänssig & Matthias Munsch

Digitale Blended Learning Konzepte für Schulpraktische Studien im Ausland

Die Internationalisierung der Lehrerbildung rückt die Praxisphasen im Ausland immer stärker in den Fokus. Wie können die Standards der universitären Lehrerbildung auch im Rahmen Schulpraktischer Studien im Ausland realisiert werden, wenn verpflichtende Schulbesuche von universitären Praktikumsbeauftragten nicht möglich sind? Die Autoren stellen ihr digitales Blended Learning Konzept zur Begleitung der Lehramtsstudierenden im Ausland vor. Die Digitalisierung ermöglicht einerseits selbstgesteuertes Lernen und andererseits eine individuelle Begleitung der Studierenden sowie der Mentorinnen und Mentoren an den Auslandschulen.

1. Schulpraktische Studien im Ausland

Die Akademie für Bildungsforschung und Lehrerbildung (ABL) gründete 2016 einen neuen Arbeitsbereich – International Teacher Education (ITE) – und beauftragte den leitenden Projektmanager Andreas Hänssig, die Zahl der Lehramtsstudierenden, die studienbedingt ins Ausland gehen, zu erhöhen (vgl. Elsner/Worek 2016; Georgi 2017; Hänssig 2019, Lenzen 2013). Dabei gab es die klare Vorgabe, die Standards universitärer Schulpraktika (vgl. Mägdefrau/Kufner/Hank 2014) und betreuter Schulpraktika in Frankfurt am Main einzuhalten bzw. Konzepte zu entwickeln, die ein Praxissemester (PS) im Ausland ermöglichen und den Kontakt zu den Studierenden und Mentorinnen und Mentoren einschließen.
Im Rahmen der Schulpraktischen Studien (SPS) kann nach § 20 der Ordnung für die Schulpraktischen Studien (SPSO April 2005) eines der beiden Module im Studiengang Lehramt an Grundschulen, Haupt- und Realschulen, Gymnasien und Förderschulen im Ausland absolviert werden. Die Module SPS1 (bildungswissenschaftlicher Fokus) und SPS2 (fachdidaktischer Fokus) erstrecken sich jeweils auf zwei Semester und schreiben den Besuch je einer Vor- und Nach-

bereitungsveranstaltung vor. Die Praxisphase an der Praktikumsschule umfasst jeweils fünf Wochen, eine Begleitung der Praxisphase im Ausland durch Praktikumsbeauftragte der Goethe-Universität ist nicht vorgesehen und auch Schulbesuche im Ausland werden nicht vorgenommen. Durch die strukturelle Trennung von bildungswissenschaftlicher und fachdidaktischer Begleitung in einem der studierten Fächer ist eine Zusammenarbeit der jeweiligen Praktikumsbeauftragten (PRB) im Rahmen der fünfwöchigen Schulpraktika nicht möglich.

Mit Einführung des Praxissemesters (Pilotprojekt für den gymnasialen Studiengang mit fünfzehnwöchiger Praxisphase) an der Goethe-Universität in Frankfurt am Main zum Wintersemester 2015/16 wurde die lang geforderte Kooperation zwischen den bildungswissenschaftlichen und fachdidaktischen Praktikumsbeauftragten durch die Betreuung ein und derselben Studierendengruppe ermöglicht. Beide Autoren konnten zu Beginn bereits auf eine langjährige Erfahrung in der Betreuung und Begleitung von Lehramtsstudierenden in den fünfwöchigen Schulpraktika (inkl. Vor- und Nachbereitung und Schulbesuche) an der Goethe-Universität zurückgreifen. Beide PRB nutzten bereits Entwicklungsportfolios als Reflexionsinstrument sowohl im ersten Schulpraktikum in Bildungswissenschaften (Hänssig 2010) als auch im zweiten Schulpraktikum (Fachdidaktik Englisch) und tauschten sich über die Entwicklung der Reflexionskompetenz und die Frage, wie Unterrichtsversuche theoriegeleitet vorgenommen werden können, aus. Die gewonnenen Erkenntnisse wurden im Sinne der Aktions- und Professionsforschung (vgl. Altrichter/Posch 2007) für die Weiterentwicklung der jeweiligen Seminarkonzepte genutzt.

Die Autoren stimmten die Konzeption ihrer Begleitveranstaltung aufeinander ab und gestalteten ein interdisziplinäres Betreuungsangebot, das inhaltlich von komplementären Lern- und Reflexionsspiralen geprägt ist. In gemeinsamen Seminarsitzungen wurde neben der interdisziplinären, inhaltlichen Arbeit auch Transparenz hinsichtlich der Leistungserwartungen (selbständige Vor- und Nachbereitung, Schreibaufträge, Kriterien der Bewertung des Praktikumsberichts als Modulprüfung etc.) hergestellt. Das begleitende *Entwicklungsportfolio Praktikum* spielt dabei im Sinne eines formativen Assessment

und zur gemeinsamen Evaluation sowohl organisatorisch als auch inhaltlich eine bedeutende Rolle und kann von den Studierenden mit bildungswissenschaftlichem oder fachdidaktischem Schwerpunkt erstellt werden. Zusätzlich wurden Beobachtungsaufträge für Unterrichtshospitationen sowie Leitfäden zur Unterrichtsplanung und -reflexion vorgestellt, die jeweils unter pädagogischen oder fachdidaktischen Gesichtspunkten genutzt werden können.
Die Autoren nutzen die moodle-basierte Onlineplattform VIGOR, die im Rahmen des Projekts ‚LEVEL – Lehrerbildung vernetzt entwickeln' kreiert wurde, u.a. für die Bereitstellung von Lernmodulen, Lernpaketen, Erklärvideos, Literatur und Arbeitsaufträgen für die Studierenden im Ausland. Darüber hinaus bieten die Autoren unterschiedliche Leitfäden zur Besprechung von Unterrichtsversuchen für die Fachlehrkräfte an den Auslandsschulen an. Auch die Nachbesprechung von Videoaufnahmen eigener Unterrichtsversuche der Studierenden im Ausland ist möglich. Dies kann im Rahmen von Videogesprächen erfolgen und erweitert die Möglichkeiten zur individuellen Betreuung und Beratung durch digitale Werkzeuge.
Der regelmäßige Austausch mit den Studierenden durch Videogespräche erinnert an das wöchentliche Begleitseminar mit den Studierenden vor Ort an der Goethe-Universität. Alle drei Wochen nach der Ankunft im Ausland wird im Ferngespräch zunächst abgefragt, welche Themen die Studierenden beschäftigen und welche Sachfragen geklärt werden müssen. So können Fragen zur Bearbeitung der Schreibaufträge und der eigenen Unterrichtsversuche besprochen werden.

2. Thematische und methodische Schwerpunkte der bildungswissenschaftlichen Begleitveranstaltung

Der Schwerpunkt zur Besprechung von Unterrichtsversuchen in der pädagogischen Begleitveranstaltung orientiert sich am 4-K-Beratungskonzept (vgl. Brenn/Buchberger/Eichelberger/Freund/Harb/Klement/Künz/Lobedanz/Teml 1996; Hänssig 2010): *Kooperation, Kriterienbezogenheit, Kontextbezogenheit und Kontinuität* (vgl. auch: Hänssig 2019; Niggli 2005). Es hat sich als besonders wichtig erwiesen, den betreuenden Mentorinnen und Mentoren an den

Auslandsschulen die Kontextbezogenheit, die sich auf den Ausbildungsstand der Studierenden im Praxissemester bezieht, bewusst zu machen. Die Kriterienbezogenheit soll allen Beteiligten verdeutlichen, dass sich bei der Besprechung der Unterrichtsversuche auf einen vereinbarten Aspekt reduziert wird. Dies kann z.B. das Stellen von Arbeitsaufträgen allgemein oder im sprachsensiblen Fachunterricht unter Berücksichtigung verschiedener Sprachniveaus (Lehrer-Schüler-Interaktion) sein. Das verwendete Reflexionsstufenmodell (vgl. Hänssig/Petras 2006) wird für die Unterrichtsplanung und -reflexion der Unterrichtsversuche der Studierenden genutzt und stellt die Grundlage für die theoriegeleitete Unterrichtbesprechung dar. Studierende lernen deskriptive und reflexive Teile zu unterscheiden. Das verschriftlichte Feedback wird dem Praktikumsbeauftragten auf der Online-Plattform VIGOR hochgeladen und von diesem anschließend kommentiert.
In der bildungswissenschaftlichen Begleitveranstaltung werden u.a. die Studien- und Berufswahl und die Entwicklung der Persönlichkeit der zukünftigen Lehrkräfte theoriegeleitet thematisiert. Als Reflexionsinstrument wird das bereits erwähnte Entwicklungsportfolio verwendet, aus dem der bewertete Praktikumsbericht bzw. das verpflichtende Studienportfolio generiert werden kann. Der Autor verwendet das von ihm entwickelte Reflexionsstufenmodell, welches sowohl für die Planung als auch für die Analyse der Unterrichtsversuche der Studierenden genutzt wird.
Zwei Lernpakete zum Thema Reflexion und Schreibaufträge u.a. zum Rollenwechsel und Fremdheitserfahrungen, werden von den Studierenden in verschiedenen Phasen des Praxissemesters digital zu selbst gewählten Zeiten bearbeitet. Damit wird den unterschiedlichen Zeitzonen im Ausland Rechnung getragen. Die erworbenen Lernzuwächse werden schriftlich dokumentiert und dadurch der individuelle Kompetenzgewinn sichtbar und erfahrbar gemacht.

2.1 Feedback der Lehramtsstudierenden und erste Erkenntnisse der pädagogischen Begleitung

Die Bedeutung der Blockveranstaltungen vor Beginn des PS im Ausland und die Anleitung für Beratungsgespräche nach eigenen Unterrichtsversuchen der Studierenden werden im Folgenden exemplarisch durch Kommentare von Studierenden dokumentiert, die ihr PS im Ausland absolviert haben.

> *„Das Begleitseminar in Form der Blockseminare hat für mich zunächst eine Ebene geschaffen, durch die ein Lernprozess und Wissenszuwachs erst möglich wurde. Durch das Aufbauen persönlicher Beziehungen zu den Praxisbetreuern und den Kommilitonen, verflüchtigte sich die Befürchtung, in Taipei alleine mit all den neuen Erfahrungen und Eindrücken überschwemmt zu werden. Diese Erfahrung lässt sich ebenfalls in den Unterrichtskontext übertragen und macht deutlich, wie wichtig die Beziehungsebene ist, um Raum für Lernprozesse zu schaffen." (Praktikumsbericht Studentin 15, S. 23)*

> *„Aufgrund der besonderen Situation, das PS im Ausland zu absolvieren, bestand die Seminarbegleitung aus einem Onlineseminar und Video-Gesprächen mit dem PRB. Der Erkenntnisgewinn aus dem Online-Begleitseminar und aus den Gesprächen mit den PRB hat sich für mich stets als positiv herausgestellt". (Praktikumsbericht Studentin 02, S. 19)*

> *„Mit Hilfe der Nachbesprechungen von Unterrichtsversuchen durch meinen Mentor war es mir möglich, meine reflexiven Gedanken zu ordnen, zu äußern und Handlungsentscheidungen zu rechtfertigen. Dieses Format der Reflexion lässt sich ebenfalls dem dritten Handlungstyp nach Altrichter und Posch (vgl. 2007) zuordnen. Im Laufe des PS wurden die Reflexionsgespräche von meiner Seite aus strukturierter, wodurch ich einen Lernzuwachs vermerke. Es fiel mir leichter, kritische Situationen zu beschreiben und meine Handlungsmöglichkeiten erneut zu durchdenken und zu verbalisieren. Auf dieser Basis war ein fundierter Austausch mit meinem Mentor über spezifische Situationen möglich sowie das gemeinsame Nachdenken über Handlungsalternativen." (Praktikumsbericht Studentin 15, S. 22)*

Die bisherige Auswertung der Studienportfolios und Praktikumsberichte verdeutlicht, dass die Praxissemester-Studierenden im Ausland eine kontinuierliche digitale Begleitung und Beratungsgespräche mit den Praktikumsbeauftragten wünschen, die im Praxissemester zu Hause durch die wöchentlichen Präsenzveranstaltungen in der Universität stattfinden.

3. Thematische und methodische Schwerpunkte der fachdidaktischen Begleitveranstaltung im Fach Englisch

Das Blended Learning Konzept und digitale Betreuungsformat der Fachdidaktik orientiert sich ebenfalls an den übergeordneten Zielsetzungen und Vorgaben der Studien- und Praxisphasen Ordnung (SPSO, PSO) und versucht neben fachdidaktisch-inhaltlichen Schwerpunkten insbesondere die (selbst-)reflexiven Kompetenzen der Studierenden zu fördern. Der Vermittlung theoriegestützter und kriteriengeleiteter, fachlicher Beobachtungs- und Reflexionsfähigkeit kommt dabei eine hohe Bedeutung zu. Dies erfolgt in einer mediengestützten Umgebung, die autonome Lernstrategien fördert. Autonom heißt in diesem Zusammenhang zwar selbständig, aber nicht zwingend ‚allein'. Vielmehr werden Peer Feedback und der qualifizierte Austausch zwischen den Praktikantinnen und Praktikanten (in ihrer Rolle als Lernende und Forschende) im virtuellen Raum der Online-Begleitung (VIGOR Kurs) initiiert. Ziel ist die schon frühe Entwicklung einer „reflective practitioner" (Schön 1983) Haltung der Studierenden.
Im Zentrum des fachdidaktischen Begleitprogramms steht neben den genannten Elementen die Entwicklung, Durchführung, Evaluation und Dokumentation eines eigenen Forschungsvorhabens während der Praxisphase an den Praktikumsschulen im Ausland, das durch entsprechende Online-Module unterstützt und begleitet wird. Im Sinne des Forschenden Lernens (vgl. Huber 2009; Elsner 2015; 2017) wird die Grundhaltung eines ‚teacher as researcher' gefördert. Die Kombination aus Präsenz- und Selbstlernphasen, persönlicher Begegnung und Zusammenarbeit ergänzt durch digitale Lerneinheiten und die Möglichkeiten digitaler Erweiterungsangebote (Videografie des Unterrichts zur späteren Nachbesprechung, digitale Reflexionsprodukte in Form von Podcasts, digitalen Präsentationen, Video-Tutorials, Illustrationen, Padlet Schaubildern etc.) im digitalen Mahara-

basierten[1] ePortfolio garantiert eine zielorientierte Fokussierung und gleichzeitig eine langfristige Dokumentation der Arbeits- und Reflexionsergebnisse. Insgesamt zielt das beschriebene fachdidaktische Begleitformat auf eine klare Qualitätssteigerung in der geisteswissenschaftlichen Lehre, indem im Rahmen der Lehrerbildung eine direkte Verknüpfung von Theorie und Praxis durch sinnvollen Medieneinsatz in Verbindung mit autonomen Lernformen veranlasst wird. Für eine Rückbindung des Lern- und Kompetenzzuwachs an die Mitstudierenden, die ihre Praxisphase nicht im Ausland absolvieren, sind Lösungsstrategien entwickelt worden. Geplant ist ein nachhaltiges Alumni Konzept, das einerseits aus einem *Welcome Back Format* besteht (Wiedereingliederung, Wertschätzung der Auslandserfahrung, individuelle Beratung zur weiteren Studiengestaltung) und andererseits den Auslandserfahrenen die Chance bietet, als Multiplikatoren zu fungieren, indem der individuelle Lern- und Erfahrungszuwachs für Kommilitoninnen und Kommilitonen nutzbar gemacht wird und eventuell zur Nachahmung animiert. Autonome Tutorien, die an der Goethe-Universität gefördert werden, können ein entsprechender Ort zum Austausch und des Peer-to-Peer-Teaching sein.

4. Fazit und Ausblick

Es hat sich gezeigt, dass die vorgestellten digitalen Blended Learning Konzepte dazu führen, dass die geforderten Standards betreuter und theoriegeleiteter Reflexionsprozesse der Lehramtsstudierenden im Praxissemester im Ausland möglich sind. Die Rückmeldungen der Studierenden und Mentorinnen und Mentoren zeigen, dass eine kontinuierliche universitäre Begleitung gewünscht und für notwendig erachtet wird. Chancen und Grenzen der Digitalisierung wurden genannt und verdeutlichen, dass eine gute Mischung aus Präsenzveranstaltungen vor der Auslandsphase, verpflichtende Videokonferenzen, die Bearbeitung der Schreibaufgaben sowie die Auswertungsgespräche nach Rückkehr der Studierenden eine optimale Lösung für

1 Mahara ist eine ePortfolio-Software, die als Open-Source-Projekt entwickelt wurde und an vielen Bildungseinrichtungen in Deutschland verwendet wird. Als Online-Plattform unterstützt das System die digitale Dokumentation und Reflexion von Lern- und Reflexionsprozessen.

das Gelingen Schulpraktischer Studien im Ausland darstellen. Der Einsatz des digitalen ePortfolio Tools Mahara wird weiter optimiert (vgl. Hänssig 2010) und in den kommenden Durchgängen in den Begleitveranstaltungen der beiden Autoren genutzt.

Literatur

Altrichter, Herbert/Posch, Peter (Hrsg.) (2007): Lehrerinnen und Lehrer erforschen ihren Unterricht. Unterrichtsentwicklung und Unterrichtsevaluation durch Aktionsforschung. 4. überarbeitete und erweiterte Auflage. Bad Heilbrunn.

Brenn, Hubert/Buchberger, Friedrich/Eichelberger, Harald/Freund, Josef/Harb, Herbert/Klement, Karl/Künz, Irmgard/Lobedanz, Alois/Teml, Hubert (1996): Berufspraktische Studien Praxis der Lehrerbildung; Bd.1 Das 4-K-Modell der Praxisberatung – Miteinander längerfristig an Schwerpunkten in der berufspraktischen Ausbildung arbeiten. Innsbruck, 39–87.

Georgi, Viola (2017): Change Agent Schule. In: didacta. Das Magazin für lebenslanges Lernen. Themenheft DAS SIND WIR – Wie Schulen kultureller Vielfalt begegnen, 01/17, 4–7.

Elsner, Daniela/Worek Daniela (2016): Professionalization of Teachers in the Context of Diversity – Opportunities and Obstacles of Mobility in German Teacher Education Programmes. In: Messner, Elgrid/Worek, Daniela/Peček, Mojca (Hrsg.): Teacher Education for Multilingual and Multicultural Settings. Graz, 168–178.

Elsner, Daniela (2017): Forschendes Lernen in der Hochschule. Kompetenzerwerb und didaktische Prinzipien. In: Lemmens, Markus/ Horváth, Péter/Seiter, Mischa (Hrsg.): Wissenschaftsmanagement. Handbuch und Kommentar. Bonn, 324–341.

Elsner, Daniela (2015): Forschendes Lernen als studienbegleitender Prozess. In: Berendt, Brigitte/Fleischmann, Andreas/Schaper, Niclas/Szczyrba, Birgit/Wildt, Johannes (Hrsg.): Neues Handbuch Hochschullehre 73. Berlin, 19–42.

Hänssig, Andreas (2010): Portfolio-Arbeit in den Schulpraktischen Studien. Ein Praxisbeispiel. In: Liebsch, Katharina (Hrsg.): Zur Theorie und Praxis Schulpraktischer Studien. Baltmannsweiler-Hohengehren, 141–180.

Hänssig, Andreas (2018): Weltoffen. In: didacta. Das Magazin für lebenslanges Lernen, 01/18, 92–94.

Hänssig, Andreas (2019). Think Global – Teach International. Deutsche Auslandsschulen – international genug? In: Falkenhagen, Charlott/ Grimm, Nancy/ Volkmann, Laurenz (Hrsg.): Internationalisierung des Lehramtsstudiums. Modelle, Konzepte, Erfahrungen. Paderborn, 175–192.

Hänssig, Andreas/ Petras, Anneliese (2006): Arbeit mit Portfolio in Schulpraktischen Studien – Planung, Umsetzung und Ergebnisse. In: Imhof, Margarete (Hrsg.): Portfolio und reflexives Schreiben in der Lehrerausbildung. Tönning, 29–56.

Huber, Ludwig (2009): Warum forschendes Lernen nötig und möglich ist. In: Huber, Ludwig/Hellmer, Julia/Schneider, Friederike (Hrsg.): Forschendes Lernen im Studium. Aktuelle Konzepte und Erfahrungen. Bielefeld, 9–35.

Lenzen, Dieter (2013): Einführungsvortrag zur DAAD-Fachtagung zur Internationalisierung der Lehrerbildung. https://www.daad.de/medien/veranstaltungen/lehrerbildung/2013_eroeffnungsvortrag-prof-lenzen.pdf
[Zugriff 06.02.2019].

Mägdefrau, Jutta/Kufner, Sabrina/Hank, Barbara (2014): Standards und Indikatoren für die Lehrerbildung. In: Mägdefrau Jutta (Hrsg.): Standards und Indikatoren für die Entwicklung von Kompetenzen in der Lehrerbildung. Passau, 3-10. https://opus4.kobv.de/opus4-uni-passau/files/210/20140515_Maegdefrau_et_al_LB_Standards.pdf
[Zugriff 06.02.2019].

Niggli, Alois (2005): Unterrichtsbesprechungen im Mentoring. Oberentfelden.

PSO 2015 = Ordnung für die Durchführung des Schulpraktikums (Praxissemester) im Studiengang Lehramt für Gymnasien (L 3) an der Johann Wolfgang Goethe-Universität Frankfurt am Main vom 27. November 2014. Genehmigt durch Erlass des Hessischen Kultusministeriums vom 30. März 2015. Änderung vom 24. April 2017. Genehmigt vom Präsidium in der Sitzung am 27. Juni 2017, genehmigt durch die Hessische Lehrkräfteakademie im Auftrag des Hessischen Kultusministeriums am 6. Juni 2017.

http://www.uni-frankfurt.de/65327103/PSO.pdf [Zugriff 06.02.2019].

http://www.uni-frankfurt.de/67244858/Schulpraktikum_Lehramt_L-3_2017-07-06.pdf [Zugriff 06.02.2019].

Schön, Donald (1983): The reflective practitioner. New York.

Schön, Donald (1987): Educating the Reflective Practitioner. San Francisco.

SPSO 2005 = Ordnung für die schulpraktischen Studien in den Lehramtsstudiengängen an der Johann Wolfgang Goethe-Universität Frankfurt am Main (Praktikumsordnung) vom 13. April 2005. Genehmigt mit Erlass vom 20. September 2005, Az.: III 3.1-424/55 3 (2) – 10. http://www.uni-frankfurt.de/66026498/SPSO1.pdf [Zugriff 06.02.2019].

Weyland, Ulrike/Schöning, Anke/Schüssler, Renate/Winkel, Jens/Bandorski, Sonja (2015): Standards für Schulpraktische Studien in der ersten Phase der Lehrerbildung – ein Orientierungsrahmen. In: Bolle, Rainer (Hrsg.): Schulpraktische Studien 2015 zwischen Standards, Alltag und Zukunftsvisionen. Leipzig, 5–16.

Winkel, Jens (2014): Bundesarbeitsgemeinschaft Schulpraktische Studien. Begriffe im Kontext Schulpraktischer Studien/Schulpraktika (Glossar). http://www.schulpraktische-studien.de/63185.html [Zugriff 06.02.2019].

Alexander Pfeiffer

Videobasierte Reflexion in den Praxisphasen des Lehramtsstudiums

An der Martin-Luther-Universität Halle-Wittenberg (MLU) werden verstärkt fallorientierte Lehr- und Lernformate im Kontext der Praxisphasen realisiert, um eine intensive Reflexion fremden bzw. eigenen Unterrichts zu ermöglichen. So werden Studierende beispielsweise in den Schulpraktischen Übungen videographiert. Die audiovisuellen Aufnahmen bilden die Grundlage für eine intensive, individuelle Nachbesprechung des Unterrichts mit den Dozierenden. Aus den entstandenen Videos werden einzelne Sequenzen zu typischen fachdidaktischen oder pädagogischen Themen ausgewählt und aufbereitet. Diese Videovignetten werden in Lehrveranstaltungen eingesetzt, um Studierende ohne Handlungsdruck auf ihre eigenen Praxiserfahrungen vorzubereiten und um Praxishandeln zu analysieren und zu diskutieren.

1. Die Praxisphasen im Lehramtsstudium

Die Martin-Luther-Universität Halle-Wittenberg (MLU) ist mit ca. 3000 Lehramtsstudierenden die wichtigste lehrkräftebildende Universität des Landes Sachsen-Anhalt. In Halle werden bis auf das Lehramt an Berufsschulen für alle Schulformen Lehrkräfte ausgebildet. Das Lehramtsstudium an der MLU ist modularisiert, aber nicht gestuft, die Erste Staatsprüfung bildet den Abschluss des Studiums. Jeder Phase im Studium sind spezifische Praktika zugeordnet, die eine bestimmte Funktion – gemäß dem jeweiligen Entwicklungsstand der Studierenden – erfüllen sollen. Im Lehramtsstudium für Sekundarschule und Gymnasium sind beispielsweise sechs Praxisphasen verankert:

- Orientierungspraktikum (nach dem 1. Semester),
- Außerunterrichtliches Pädagogisches Praktikum (nach dem 3. Semester),
- je eine Schulpraktische Übung (SPÜ) in jedem studierten Fach (ab dem 3. Semester),
- zwei Schulpraktika (ab dem 4. bzw. 5. Semester).

Durch das kontinuierliche Alternieren von praktischen Erfahrungen in Schulen sowie Einrichtungen der Kinder- und Jugendarbeit mit der Vermittlung theoretischer Inhalte und der Reflexion pädagogischer Praxis an der Universität wird der geforderten *doppelten Professionalisierung* (vgl. Helsper 2001) der Lehramtsstudierenden Rechnung getragen.

2. Fallorientierung in den Praxisphasen

Mit dem Projekt *Kasuistische Lehrerbildung für den inklusiven Unterricht* (KALEI) wird die MLU in der durch das BMBF initiierten *Qualitätsoffensive Lehrerbildung* gefördert. Ein zentrales Ziel des halleschen Projekts ist die Vernetzung der einzelnen Elemente des Lehramtsstudiums durch Fallarbeit. „Kasuistik in der universitären Lehrer*innenbildung meint die zweckgerichtete, handlungsentlastete und verlangsamte Auseinandersetzung mit einem einzelnen Fall bzw. mehreren Fällen aus der pädagogischen bzw. schulischen Wirklichkeit." (Arbeitskreis Kasuistik des Projektes KALEI 2019). Im KALEI-Teilprojekt *Neuausrichtung der Praxisphasen* wird systematisch und strukturiert fallorientiertes Arbeiten in allen Praktika des gesamten Studiums integriert. Durch die kontinuierliche Analyse authentischer fremder, aber auch eigener Fälle soll die Reflexionskompetenz der Studierenden schrittweise weiterentwickelt und eine bessere Vernetzung theoretischer Studieninhalte und praktischer Erfahrungen erreicht werden. Schließlich dienen diese Maßnahmen der nachhaltigen Professionalisierung der zukünftigen Lehrkräfte und ermöglichen ihnen ein lebenslanges Lernen (vgl. Kramer/Lewek/Schütz 2017).
Die folgende Übersicht verdeutlicht, welche Formen der Falldokumentation und -reflexion in den einzelnen Praxisphasen während des Lehramtsstudiums an der MLU eingesetzt werden:

Tab. 1: Formen der Falldokumentation und -reflexion in den Praxisphasen

Praxisphase	Falldokumentation	Fallreflexion
Orientierungs-praktikum	• teilnehmende Beobachtung zu Schwerpunkten im Fachunterricht • Feldnotizen und Protokolle	• Fallseminar mit Reflexion der Beobachtungen in Kleingruppen • Erstellung eines Portfolios mit Gruppen- und Einzelfallanalysen
Außerunterrichtliches Pädagogisches Praktikum	• teilnehmende Beobachtung • Feldnotizen, Protokolle, Tagebuch, Transkripte • Interviews	• Forschungsgruppenarbeit mit Fallreflexionen • Abschlusspräsentation mit Fallvergleich • Erstellung einer Fallanalyse
Schulpraktische Übungen (SPÜ)	• teilnehmende Beobachtung zu fachdidaktischen Schwerpunkten • Unterrichtsplanung (Entwurf) • Protokolle und Videographie des studentischen Fachunterrichts	• kollektive Auswertungsgespräche • individuelle Reflexionsgespräche auf Basis der Videos (eigener Fall) • Erstellung eines Portfolios/Berichts • Einsatz von Videovignetten (fremder Fall)
Schulpraktika	• Protokolle, Transkripte, Interviews, Videographie des studentischen Fachunterrichts • forschendes Lernen	• Fallanalyse • individuelle Reflexionsgespräche • Reflexionsseminare

3. Videographie in den Schulpraktischen Übungen

Die beiden *Schulpraktischen Übungen* in den studierten Fächern sind semesterbegleitende Praxisphasen, bei denen kleine Studierendengruppen einmal wöchentlich in einer Klasse den Fachunterricht hospitieren. Alle Studierenden übernehmen dann abwechselnd die Durchführung des Fachunterrichts, der gemeinsam mit den Mitstudierenden sowie den Dozierenden der jeweiligen Fachdidaktik konzipiert und im Anschluss reflektiert wird.
Eine spezielle Form der Falldokumentation stellt die Videographie des studentischen Fachunterrichts dar (vgl. Krammer 2014). Diese besonders effektive Maßnahme wurde an der Universität Halle im Rahmen von KALEI in den Schulpraktischen Übungen der Fächer Englisch, Spanisch, Russisch, Latein und Sozialkunde als Möglichkeit der Fallanalyse pilotiert und implementiert. Videographie ermöglicht nicht nur eine individuelle Selbstreflexion des Unterrichts (eigener Fall), sondern gestattet auch die Erstellung von Videovignetten als Anschauungsmaterial für fachdidaktische Seminare (fremder Fall) (vgl. Kleinknecht/Schneider/Syring 2014). Zudem wurden Reflexionsgespräche zwischen den Studierenden und den Dozierenden ebenfalls videographiert, um die Interaktion der handelnden Personen zu beforschen. Die folgende Abbildung verdeutlicht die verschiedenen Formen des Videoeinsatzes im Lehramtsstudium an der MLU.

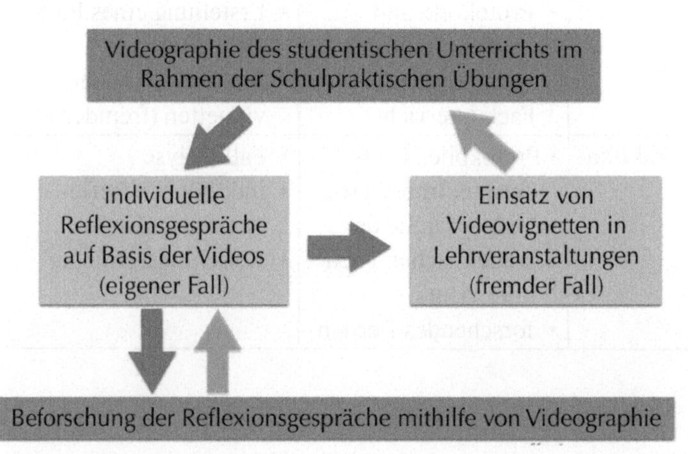

Abb. 1: Einsatz von Videographie in den Schulpraktischen Übungen

Die Videographie studentischen Unterrichts ist aus technischer, organisatorischer, ethischer und datenschutzrechtlicher Perspektive nicht unproblematisch (vgl. Sonnleitner/Prock/Rank/Kirchhoff 2018). Neben der technischen Ausrüstung sind eine Vielzahl von Genehmigungen der Studierenden, Schulleitungen, Fachlehrkräfte, Schülerinnen und Schüler sowie der Erziehungsberechtigten notwendig. Diese Zustimmungen sind auch dann erforderlich, wenn die Videokamera seitlich der Lehrperson positioniert wird, so dass eigentlich gar keine Schülerinnen und Schüler gefilmt werden (vgl. Abb. 2). Denn auch bei dieser – vom Autor für den hier thematisierten Zweck empfohlenen – Kameraposition kann es während des Unterrichts passieren, dass einzelne Personen aufgenommen werden, wenn sie beispielsweise an der Tafel arbeiten. Zudem bedürfen auch auditive Aufnahmen, die im Unterrichtsgespräch entstehen, der Zustimmung.

4. Individuelle Selbstreflexion

Trotz der oben genannten Herausforderungen lohnt sich der Einsatz von Videographie zur Auswertung von studentischem Unterricht im Gegensatz zu nicht-videogestützten Reflexionsgesprächen. Im herkömmlichen Auswertungsgespräch, das in der Regel direkt im Anschluss an die gehaltene Unterrichtsstunde stattfindet, fehlt der zeitliche Abstand. Dies kann dazu führen, dass die Studierenden aus dem

Abb. 2: Kameraperspektive während der Aufnahme des studentischen Unterrichts

Stegreif und undistanziert reflektieren, da andernfalls viele Details der Stunde in der Erinnerung der Beteiligten verlorengehen würden. Unterrichtsvideos dokumentieren eine Vielzahl zusätzlicher Informationen, während die Rückmeldung der hospitierenden Dozierenden lediglich auf ihrer selektiven Wahrnehmung basiert.
Die Videographie ermöglicht den Studierenden ein nochmaliges Erleben der gehaltenen Unterrichtsstunde. Das Video hilft dabei, sich besser an das Geschehen zu erinnern und bewahrt davor, die Tatsachen retro-spektiv zu verfälschen. Durch die Methode des *stimulated recall* (vgl. Messmer 2014) werden die Studierenden angeregt, ihre Unterrichtserfahrungen kritisch zu analysieren. Durch den zeitlichen Abstand, die Perspektive der Kamera und die Wiedergabe über ein Medium wird der distanzierte Blick der Studierenden auf ihren eigenen Fall gestärkt. Die Videoaufnahmen führen zu einer Objektivierung des Subjektiven, lassen dadurch auch tiefgreifende Reflexionen über das Selbst- und das Fremdbild zu und ermöglichen die Überprüfung des subjektiven Zeitempfindens der Lehrenden. Anhand des videographierten Unterrichtsverlaufs können die Studierenden ihr eigenes Unterrichtshandeln reflektieren und alternative Handlungsmöglichkeiten entwickeln. Somit lassen sich auch bestimmte pädagogische oder fachdidaktische Aspekte genauer fokussieren. Die Rückmeldungen in den Evaluationen belegen auf beeindruckende Art und Weise, dass videobasierte Auswertungsgespräche einen sehr viel höheren individuellen Erkenntnisgewinn für die Studierenden haben (vgl. Krammer 2014).

4.1 Anforderungen an Reflexionsgespräche

Voraussetzung für ein gutes Gelingen der individuellen Reflexionsgespräche zwischen Studierenden und Dozierenden auf Basis der Videoaufnahmen ist jedoch eine angenehme Gesprächsatmosphäre. Dabei müssen folgende Aspekte berücksichtigt werden:

- zeitliche Distanz zum Unterricht,
- angenehme Räumlichkeit,
- Ungestörtheit und Ruhe,
- klare zeitliche Rahmung,
- freundlicher Einstieg,
- motivierender Abschluss.

Beim Abspielen des Unterrichtsvideos in den Reflexionsgesprächen können einzelne Phasen, die bereits während der Hospitation aufgefallen sind, direkt angewählt werden. Alternativ kann auch das ganze Video von Anfang an wiedergegeben werden. Wichtig ist, dass die Studierenden die Initiative übernehmen und bei Gesprächsbedarf das Video anhalten. Die Dozierenden sollten nur in Ausnahmefällen das Video unterbrechen. Die Erfahrung hat gezeigt, dass viele Studierende sehr schnell relevante Phasen filtern und in den Modus der Analyse und Reflexion ihrer Unterrichtserfahrungen einsteigen.
Anstatt fertige Lösungen vorzugeben, sollten die Dozierenden ihre Studierenden ermutigen, eigene Wege zu suchen. Durch spezielle Gesprächstechniken werden die Studierenden dazu animiert, ihr Handeln selbständig und kritisch zu hinterfragen, Gründe für ihr Vorgehen zu analysieren, theoretisches Wissen in die Reflexion einzubeziehen und alternative Handlungsmöglichkeiten zu entwickeln. Unterstützen können die Dozierenden hierbei durch Techniken des aktiven Zuhörens, durch offene und systemische Fragen sowie durch Feedback.
Aktives Zuhören erfolgt auf zwei Ebenen: der nonverbalen und der verbalen. Nonverbal betrachtet sind neben einer offenen und zugewandten Körperhaltung vor allem Blickkontakt sowie situationsangemessene Gestik und Mimik relevant. Auf der verbalen Ebene empfehlen sich die Gesprächstechniken des Paraphrasierens (sinngemäßes Wiederholen bzw. inhaltliches Zusammenfassen des Gesagten zur Überprüfung der Botschaft) und des Spiegelns (Verbalisierung emotionaler Aspekte des Gesagten zur Entschlüsselung der zugrundeliegenden Gefühle und Bedürfnisse) (vgl. Pallasch/Kölln 2014).
Offene Fragen eignen sich besonders dazu, das Auswertungsgespräch zu steuern und die Studierenden zu einer eigenständigen Reflexion anzuregen (Was ist in dieser Situation passiert? Wie hast du dies wahrgenommen? Was war deine Intention bei dieser Handlung? Was wolltest du erreichen?). Auch *systemische Fragen* können helfen, ein Reflexionsgespräch sinnvoll zu gestalten. Dabei werden unter anderem Skalenfragen, hypothetische, zirkuläre und lösungsorientierte Fragen unterschieden (vgl. Schlippe/Schweitzer 2016).
Im Gegensatz zur verbreiteten Auffassung, Feedback wäre etwas Objektives bzw. würde aus der Abwechslung positiver und negativer

Kritik (Sandwich-Methode) durch die Beobachtenden bestehen, wird es hier verstanden als die konkrete Beschreibung der eigenen Wahrnehmung einer Situation anhand von Einzelheiten und der sich daraus ergebenden Wirkung für eine Person. Feedback ist folglich immer eine subjektive Form der Rückmeldung durch die Dozierenden an die Studierenden, die weder Interpretation noch Bewertung enthält (vgl. Geißner 1998). Erst daran schließen sich eventuell weitere Fragen zur Reflexion und Weiterentwicklung an; gegebenenfalls kann auch ein Expertenhinweis durch die Dozierenden erfolgen.

4.2 Inhaltliche Aspekte der Reflexionsgespräche

Die Schulpraktischen Übungen werden für jedes studierte Fach durchgeführt und von den Dozierenden der jeweiligen Fachdidaktik betreut. Daher stehen neben pädagogischen vor allem fachdidaktische Aspekte im Mittelpunkt der Reflexion. Somit unterscheiden sich von Fach zu Fach auch die Inhalte für eine Analyse des Unterrichts. Exemplarisch werden im Folgenden mögliche Kriterien für Reflexionsgespräche aufgeführt, die insbesondere für den Fremdsprachenunterricht relevant sind:

- Unterrichtssprache (Situations- und Zielgruppenangemessenheit sowie sprachliche Richtigkeit),
- prosodisches und nonverbales Verhalten (z.B. Stimme, Lautstärke, Mimik, Gestik),
- Klarheit der Arbeitsaufträge,
- Interaktion mit Schülerinnen und Schülern (z.B. Loben, Fehlerkorrektur),
- Tempo des Unterrichts, aktive Lernzeit,
- Einsatz von Medien (Tafelbild).

Der Abschluss eines Reflexionsgesprächs sollte vor allem motivierend gestaltet sein. Dafür empfiehlt es sich, dass der bzw. die Studierende zunächst seine bzw. ihre Stärken zusammenfasst, um zu verdeutlichen, dass bereits gute Grundlagen gelegt und die notwendigen Ressourcen vorhanden sind, auf denen weiterhin aufgebaut werden kann. Danach sollten gemeinsam Entwicklungsaspekte festgelegt werden, an denen er oder sie in der kommenden Unterrichtsstunde arbeiten möchte. Um die Studierenden nicht zu überfordern, sollten maximal drei Dinge fokussiert werden.

5. Einsatz von Videovignetten

Durch die Videographie des studentischen Unterrichts ist Filmmaterial entstanden, das auch für das Studium anderer Lehramtsstudierenden große Relevanz besitzt. Ferner ist die Erstellung der Unterrichtsmitschnitte technisch und organisatorisch so aufwendig, dass ein einmaliger Einsatz zur Selbstreflexion bedauerlich wäre. Als optimale Nutzung des Filmmaterials erwies es sich, kurze Videovignetten einzelner Unterrichtsphasen zu erstellen, um diese fremden Fälle in (fachdidaktischen) Seminaren zur deduktiven oder induktiven Bearbeitung eines spezifischen Themas einzusetzen (vgl. Kleinknecht et al. 2014). Dazu wird das Videomaterial von den Dozierenden gesichtet, geeignete Szenen zur Illustration dieses fachdidaktischen Aspekts ausgewählt, geschnitten und gegebenenfalls transkribiert. Selbstverständlich muss die oben erwähnte Einwilligung aller Beteiligten (insbesondere der Studierenden) dann auch zusätzlich diesen Verwendungszweck als Lehrmaterial einschließen. Da für die Vignetten nur kurze Sequenzen ausgewählt werden, können auditive bzw. visuelle Aufnahmen von Schülerinnen oder Schülern gegebenenfalls herausgeschnitten werden, so dass deren Einverständnis nicht zwingend vorliegen muss.

Um Unsicherheiten der Studierenden vor ihrer ersten eigenen Unterrichtsstunde in den SPÜ nicht zu verstärken und die videographierten Personen vor ihren Mitstudierenden nicht bloßzustellen, werden für die Vignetten nur Positivbeispiele ausgewählt. ‚Gelungene' bzw. ‚normale' Stunden haben sich als sehr geeignet erwiesen, um pädagogische bzw. fachdidaktische Themen mit authentischen Fallbeispielen aus der Praxis zu veranschaulichen. Die Studierenden können anhand der Analyse dieser Fälle für die Anforderungen spezifischer Unterrichtssituationen sensibilisiert werden. Da es sich um fremden Unterricht handelt, besteht eine Distanz zu den Fällen, die eine unvoreingenommene Analyse des Geschehens ermöglicht. Die Studierenden unterliegen des Weiteren keinem unmittelbaren Handlungsdruck und können mögliche Handlungsalternativen diskutieren, um so ihre Reflexionskompetenz weiterzuentwickeln.

6. Ausblick: Beforschung der Reflexionsgespräche

Um die Reflexionsgespräche zwischen den Studierenden und den Dozierenden beforschen zu können, wurden einzelne Auswertungen ebenfalls videographiert. Somit war es möglich, die Gesprächsinhalte und -abläufe genauer zu analysieren und die Aspekte herauszufiltern, die die Selbstreflexion der Studierenden positiv beeinflussen. Durch das anschließende Festlegen von Handlungsschritten und die Auswahl geeigneter Techniken (vgl. Kapitel 4) konnten die Reflexionsgespräche kontinuierlich weiterentwickelt und verbessert werden. Ziel dieses Vorgehens ist es, allen Dozierenden in der universitären Lehrkräftebildung eine Handreichung zur Verfügung zu stellen, wie diese Reflexionsgespräche gewinnbringend für die Studierenden durchgeführt werden können.

Literatur

Arbeitskreis Kasuistik des Projektes KALEI (2019): Vorschlag für eine Systematisierung kasuistischer Lehr-Lern-Formate in der universitären Lehrer*innenbildung. https://blogs.urz.uni-halle.de/fallarchiv2/was-ist-kasuistik/ [Zugriff am 07.02.2019].

Geißner, Hellmut (1998): Vom Oberflächen- zum Tiefenfeedback. In: Geißner, Hellmut/Slembek, Edith (Hrsg.): Feedback: Das Selbstbild im Spiegel der Fremdbilder. St. Ingbert, 13–30.

Helsper, Werner (2001): Praxis und Reflexion – die Notwendigkeit einer „doppelten Professionalisierung" des Lehrers. In: Journal für LehrerInnenbildung 1, H. 3, 7–15.

Kleinknecht, Marc/Schneider, Jürgen/Syring, Marcus (2014): Varianten videobasierten Lehrens und Lernens in der Lehrpersonenaus- und -fortbildung – Empirische Befunde und didaktische Empfehlungen zum Einsatz unterschiedlicher Lehr-Lern-Konzepte und Videotypen. In: Beiträge zur Lehrerinnen- und Lehrerbildung 32, H. 2, 210–220.

Kramer, Rolf-Torsten/Lewek, Tobias/Schütz, Susanne (2017): Kasuistische Lehrerbildung für den inklusiven Unterricht. In: Journal für LehrerInnenbildung 17, H. 3, 44–48.

Krammer, Kathrin (2014): Fallbasiertes Lernen mit Unterrichtsvideos in der Lehrerinnen- und Lehrerbildung. In: Beiträge zur Lehrerinnen- und Lehrerbildung 32, H. 2, 164–175.

Messmer, Roland (2014): Denken Lehrpersonen anders als Didaktiker/innen schreiben? In: Pieper, Irene/Frei, Peter/Hauenschild, Katrin/Schmidt-Thieme, Barbara (Hrsg.): Was der Fall ist – Fallarbeit in Lehrerbildung und Bildungsforschung. Wiesbaden, 59–74.

Pallasch, Waldemar/Kölln, Detlef (2014): Pädagogisches Gesprächstraining. Lern- und Trainingsprogramm zur Vermittlung pädagogisch-therapeutischer Gesprächs- und Beratungskompetenz. 9. Auflage. Weinheim.

Schlippe, Arist von/Schweitzer, Jochen (2017): Lehrbuch der systemischen Therapie und Beratung. Band 1: Das Grundlagenwissen. Göttingen.

Sonnleitner, Magdalena/Prock, Stefan/Rank, Astrid/Kirchhoff, Petra (Hrsg.) (2018): Video- und Audiographie von Unterricht in der LehrerInnenbildung. Planung und Durchführung aus methodologischer, technisch-organisatorischer, ethisch-datenschutzrechtlicher und inhaltlicher Perspektive. Opladen.

2. Einblicke in konkrete Ausgestaltungen und Umsetzungen

2.2 Digitale Ausgestaltungsmöglichkeiten für den schulischen (Fach)Unterricht

Henning Host

Berufsfeldpraktika Digitale Lehre

Die Berufsfeldpraktika Digitale Lehre bieten Studierenden im Rahmen der zweiten Praxisphase im Lehramtsstudium die Möglichkeit, digitalen Content auf Basis didaktischer Planungen und unter Berücksichtigung offener Lizenzen zu erstellen. Den Studierenden werden in den Blended Learning-Formaten drei thematische Schwerpunkte angeboten. Die angeleitete Arbeit im Lernteam und die enge Unterstützung der Lehrenden nehmen eine zentrale Rolle in den Berufsfeldpraktika Digitale Lehre ein.

1. Einleitung

Die Entwicklungen der letzten Jahre und Jahrzehnte resultieren in einer Welt, in der kulturelle Produkte komplexer werden und die Anzahl der Akteure stetig zunimmt. Führende Institutionen, wie Museen oder Massenmedien, verlieren ihre Rolle als Gatekeeper zwischen dem öffentlichen und dem privaten Bereich. Stattdessen entstehen neue Gemeinschaften, z.B. soziale Netzwerke, in denen viele Produzierende in Bezug zueinander Produkte veröffentlichen (vgl. Stalder 2017). Felix Stalder subsumiert die skizzierte Entwicklung in der *Kultur der Digitalität* (vgl. Stalder 2017).
Das Verhältnis vieler Pädagogen zu Medientechnologien in der beschriebenen *Kultur der Digitalität* ist ambivalent und als Hassliebe zu bezeichnen (vgl. Hobbs 2017, Tagung Diggi17 Enter Next Level Learning an der Universität zu Köln). Im Zentrum für LehrerInnenbildung der Universität zu Köln wurde die Frage gestellt, wie angehende Lehrpersonen unterstützt werden können, geeignete Lehr- und Lernmaterialien in der komplexer werdenden Welt zu erstellen und auszuwählen. Eine Antwort auf diese Frage sind u.a. die Berufsfeldpraktika Digitale Lehre.

2. Hintergrund

Durch die Reformen der Lehramtsstudiengänge nehmen die Praxisphasen in der universitären LehrerInnenbildung eine stärkere Rolle ein (vgl. Krämer/Hesse 2016). Lehramtsstudierende absolvieren in Nordrhein-Westfalen das Eignungs- und Orientierungspraktikum, das Berufsfeldpraktikum und das Praxissemester. Die Studierenden haben die Möglichkeit, ihre persönlichen Interessen in die Gestaltung der Praxisphasen, insbesondere in das Berufsfeldpraktikum, einfließen zu lassen (vgl. Krämer/Hesse 2016).
Das Ziel ist, dass die Studierenden als „hochkompetente PraktikerInnen" (Messner 2006, 507) in den Vorbereitungsdienst eintreten. Der Aufbau einer reflexiven Haltung steht dabei ebenfalls im Zentrum (vgl. Host/Jaster/Baedorf/Boos 2017). Die kontinuierliche Reflexion wird durch die E-Portfolioarbeit, die im Learning-Management-System ILIAS durchgeführt wird, unterstützt. Damit wird den Studierenden ein didaktischer Doppeldecker ermöglicht, der sie dazu befähigt, das Instrument des E-Portfolios in der späteren eigenen Tätigkeit im Schuldienst reflektiert und erfahrungsbasiert einsetzen zu können.
Das Berufsfeldpraktikum bildet die zweite Praxisphase im Bachelor des Lehramtsstudiums. Diese Praxisphase ermöglicht angehenden Lehrpersonen, Praxiserfahrungen und Perspektiven in einem zum Lehramtsberuf angrenzenden Berufsfeld zu sammeln oder alternative Berufswege kennenzulernen. Das Berufsfeldpraktikum kann als Begleitseminar, Anerkennungsseminar oder Projekt absolviert werden.

3. Berufsfeldpraktika Digitale Lehre

In den Berufsfeldpraktika Digitale Lehre, die als Projekte angeboten werden, werden zur Zeit drei Seminare mit jeweils einem thematischen Schwerpunkt aufgegriffen:

- Mobile Learning in der Schule
- Coden, Basteln und Unterrichten mit dem Raspberry Pi
- Gestaltung und Produktion digitalen Lernmaterials.

In allen drei Seminaren werden Praktikum und Seminarbegleitung kombiniert angeboten. Mediendidaktik, Open Educational Resources und Mediengestaltung bilden die Grundlagen der Seminare. Die Studierenden aller Seminare werden von jeweils zwei Dozierenden betreut, einer Lehrperson und einem Experten bzw. einer Expertin des Schwerpunkts. Die Aufgabe der Studierenden ist die Entwicklung von Lehr- und Lernmaterialien auf Basis curricularer Vorgaben unter Berücksichtigung offener Lizenzen. Die drei Seminare werden in Kooperation mit dem vom BMBF-geförderten Projekt *OERlabs* angeboten.

Die Studierenden beschäftigen sich im Laufe eines Semesters mit folgenden Aufgaben:

- Konzeption einer didaktischen Planung (im schulischen Kontext für fünf oder sechs Unterrichtsstunden)
- Analyse von mindestens drei Tools mittels des Analyseblatts (siehe 6.1)
- Erstellung von digitalem Content für die konzipierte didaktische Planung
- Durchführung einer angeleiteten Lernteamsitzung
- Teilnahme an einer Sprechstunde mit einem der beiden Lehrenden
- Lizenzierung aller Produkte mit einer offenen Lizenz
- Erstellung einer Guideline zur Nutzung des eingesetzten Tools
- Bereitstellung aller Arbeitsergebnisse im geschlossenen Kurs in ILIAS
- Präsentation der Arbeitsergebnisse in der zweiten Präsenzphase
- Bearbeitung der E-Portfolioaufgaben

In allen Teilaufgaben steht die gegenseitige Unterstützung zwischen den Studierenden im Zentrum. Alle gesammelten Erfahrungen und erstellten Produkte werden innerhalb des Seminars offen zur Verfügung gestellt, sodass die Studierenden zukünftig davon profitieren können.[1]

1 Die vollständigen Aufgaben in der Version im November 2018 finden sich unter folgendem Link: http://bit.ly/2QhKRw5.

4. Open Educational Practices

Die Seminare werden im Sinne von Open Educational Practices durchgeführt. Der Fokus liegt dabei nicht nur primär auf der Erstellung eigener Lehr-Lernmaterialien und der offenen Lizenzierung, wie es in der Diskussion um Open Educational Resources häufig diskutiert wird, sondern auch auf der grundlegenden Veränderung der Rollen von Lernenden und Lehrenden im Sinne von Openness (vgl. Mayrberger/Hofhues 2013).

1. *Veränderungen der Rollen* – Bildungsressourcen werden nicht als zu konsumierende Produkte angesehen, die von außeruniversitären Institutionen geschaffen werden, sondern als Lehr-Lernmaterialien, die kollaborativ von Lehrenden und Studierenden an der Hochschule entwickelt werden. Studentische Produkte werden, sofern dies von Studierenden erwünscht wird, in Materialsammlungen und zukünftigen Seminarkonzeptionen integriert (vgl. Mayrberger et al. 2013).
2. *Entwicklung der Konzeptionen und Ressourcen* – Der reflexive Umgang mit didaktischen Konzeptionen und Ressourcen nimmt eine zentrale Rolle in den Seminaren ein. Konzeptionen und Ressourcen der Lehrenden werden wiederholt im Hinblick auf die mögliche Entwicklung aufgegriffen. Studentische Produkte werden in Peer-to-Peer-Sitzungen (Lernteamsitzungen), Sprechstunden sowie Präsenzterminen aufgaben- und kategoriengeleitet bezüglich Entwicklungsoptionen reflektiert (vgl. Mayrberger et al. 2013).
3. *Öffnung der Lehre* – Eine Besonderheit der Berufsfeldpraktika Digitale Lehre ist die Öffnung sowohl innerhalb als auch außerhalb der Hochschule. Alle Seminare werden im Tandem, d. h. von einem Angehörigen der Hochschule und einem Experten bzw. einer Expertin aus einem Berufsfeld, angeboten. Damit werden vielfältige Perspektiven in die Seminare eingebunden. Weiterhin wurde im Rahmen der Kooperation mit dem BMBF-geförderten Projekt OERlabs die Expertise der Projektmitarbeiter Bence Lukács und Matthias Andrasch zu Open Educational Resources in die Seminarangebote eingebunden (vgl. Mayrberger et al. 2013).

5. Blended Learning

Die Berufsfeldpraktika Digitale Lehre sind als Blended Learning-Seminare konzipiert, d. h. E-Learning-Angebote und Präsenzlehre werden verknüpft (vgl. Reinmann 2011). Das Blended Learning-Format bietet den Lehrenden und Studierenden eine höhere Flexibilität, mehr Freiräume für individuelle Betreuung und eine einheitliche Lehrqualität für die online in ILIAS zur Verfügung stehenden Lehr-Lernmaterialien.
ILIAS, als Learning-Management-System der Universität zu Köln, dient den Lehrenden und Studierenden als zentrales Mittel zur Informationsbereitstellung und zur Kollaboration. Informationen von Lehrenden und Studierenden werden nur über ILIAS zur Verfügung gestellt. Die Produkte aller Beteiligten werden in den jeweiligen Kursen an einem einheitlichen Ort hochgeladen.
Die Berufsfeldpraktika Digitale Lehre bestehen aus vier Phasen, die mit Hilfe der Bausteine Selbstlernphase, (digitale) Kommunikationsphase und Präsenzphase gestaltet werden.

1. Eine digitale Selbstlernphase zur Aneignung der grundlegenden Inhalte findet zu Beginn des Semesters statt. Die Bereitstellung der Lehr-Lernvideos zu den Themen Mediendidaktik, Mediengestaltung und Open Educational Resources erfolgt über das Learning-Management-System ILIAS.
2. Ein vorbereitendes Seminarwochenende findet zu Beginn des Semesters statt, an dem die eigenen Erfahrungen der Studierenden mit digitalen Medien mit einer SWOT-Analyse (Strengths, Weaknesses, Opportunities, Threats) aufgegriffen werden. Weiterhin werden die Grundlagen in den jeweiligen Themenschwerpunkten sowie in der Planung didaktischer Konzeptionen gelegt.
3. Daraufhin folgt eine rund zehnwöchige Produktionsphase, in der die Studierenden digitalen Content auf Basis ihrer didaktischen Planung erstellen. Die Studierenden arbeiten angeleitet im Lernteam und werden von den Dozierenden betreut. Dabei steht die kontinuierliche Reflexion der Arbeitsweise und der Produkte im Zentrum.

4. Zum Abschluss des Semesters folgt ein Präsentations- und Evaluationswochenende, an dem die Studierenden ihre Produkte präsentieren und im Sinne von Peer Correction weiterentwickeln. Im Anschluss wird die Arbeit mit dem E-Portfolio abgeschlossen.

Mit diesem Blended Learning-Konzept wird der fachliche Input in digitalen Phasen vorentlastet und Lernprodukte werden in selbstständigen Phasen erzeugt. Die Präsenzphase bietet insbesondere Raum für Austausch und Diskussionen.

6. Das Berufsfeldpraktikum Mobile Learning in der Schule

Die Lehrenden der drei Berufsfeldpraktika Digitale Lehre orientieren sich zwar an gemeinsamen grundlegenden Prinzipien und den vorgestellten Phasen im Sinne von Blended Learning, bieten Studierenden durch die drei unterschiedlichen thematischen Schwerpunkte aber vielfältige Zugänge zu Fragen von Digitalität im Bildungskontext. Für das Berufsfeldpraktikum Mobile Learning in der Schule werden exemplarisch ein Blatt zur Analyse digitaler Tools und Produkte sowie die Methode des Pitching vorgestellt.

6.1 Analyse digitaler Tools und Produkte

In der ersten Durchführung des Berufsfeldpraktikums Mobile Learning in der Schule im Sommersemester 2017 wurden die Studierenden im Rahmen der Produktion des digitalen Contents zunächst gebeten, einen Steckbrief des jeweiligen genutzten Tools zu erstellen. Ziel war, die Auswahl unpassender Tools im Rahmen der Contenterstellung zu vermeiden. Im Laufe der ersten Durchführung wurde jedoch deutlich, dass die Analyse für dieses Ziel deutlich differenzierter und multiperspektivischer sein muss.

Im Folgenden wurde daher ein Analyseblatt mit Hilfe von Rückmeldungen von Studierenden sowie Kolleginnen und Kollegen innerhalb und außerhalb der Hochschule entwickelt. Die Analyse von Produkten, z.B. das Angebot von Lehr-Lernmaterialien, wurde ebenfalls in das Analyseblatt miteinbezogen. Das Analyseblatt befähigt hierbei die Studierenden, analytisch und systematisch digitale Tools und Produkte auf ihren zielgerichteten Einsatz in didaktischen Settings zu prüfen. Damit werden (angehende) Lehrpersonen unterstützt, passende Angebote für ihre didaktischen Konzeptionen zu finden bzw. zu entwickeln. Das Analyseblatt besteht in der aktuellen Version aus drei Blöcken:

1. Der Steckbrief ermöglicht eine geleitete Beschreibung des Tools oder des Produkts. Das Verfassen von User Benefits, das in der Entwicklung von Softwareprodukten üblich ist, unterstützt die Studierenden, das konkrete Ziel des Tools prägnant darzustellen. Dadurch kann ein erster Abgleich zwischen den Erwartungen und Zielen der Studierenden im Hinblick auf die Contenterstellung im Berufsfeldpraktikum und den Möglichkeiten des Tools erfolgen.
2. Der zweite Block zum schulischen und unterrichtlichen Einsatz bietet eine kriteriengeleitete Analyse des Tools. Allgemeine, inhaltliche, didaktisch-methodische und infrastrukturelle Kriterien unterstützen die Studierenden und geben ihnen einen Rahmen. Die einzelnen Beispiele konkretisieren wiederum die Hauptkriterien und unterstützen damit die Studierenden in der Nutzung des Analyseblatts.
3. Ein wiederkehrendes Element des Berufsfeldpraktikums Mobile Learning in der Schule ist die Übernahme der Perspektiven verschiedener Akteure im Bildungsbereich, insbesondere im Schulbereich. Im Rahmen des Analyseblatts werden die Perspektiven von Lehrpersonen, Schülerinnen und Schülern und Eltern auf das jeweilige Tool eingenommen.

Zum Abschluss werden die Studierenden angeleitet, ein persönliches Fazit mit einer Empfehlung oder Ablehnung des Tools bzw. des Produkts zu formulieren.[2] Alle Interessierten sind dazu eingeladen, das Analyseblatt nach eigenen Bedürfnissen und inhaltlichen Schwerpunkten zu entwickeln. Durch die offene Lizenzierung mittels der Creative Commons-Lizenz CC BY-SA 4.0. ist die Verwahrung, Verwendung, Verarbeitung, Vermischung und Verbreitung (Vgl. Mayrberger et al. 2013) möglich.

2 Das Analyseblatt in der Version November 2018 befindet sich unter folgendem Link: http://bit.ly/2BvgAC0

6.2 Pitching

In der Ausgestaltung des Seminars entstand frühzeitig die Frage, wie die Präsentation von Produkten am zweiten Präsenztermin durch die Studierenden erfolgen kann. Die Vorstellung von bis zu 20 studentischen Produkten über zwei Tage und einer jeweils folgenden Analyse war dabei nicht denkbar. Stattdessen brachte Simon Smend, der neben dem Verfasser das Berufsfeldpraktikum Mobile Learning in der Schule leitet, die Idee ein, Pitches aus der Start-Up-Szene in den universitären Kontext zu übertragen.

Pitches oder auch Elevator Pitches sind Gespräche, in denen man in kurzer Zeit eine Person von sich oder dem eigenen Produkt überzeugen möchte (vgl. Meyer/Schlotthauer 2009). Damit möchten Personen in Unternehmen Investoren, Kunden oder Kooperationspartner von der eigenen Firma oder einem Produkt überzeugen (vgl. Meyer et al. 2009). Für die erfolgreiche Gestaltung eines Pitches ist es notwendig, die Zielgruppe in der Ansprache zu berücksichtigen und die Aussagen zu verdichten und sprachlich zu perfektionieren (vgl. Meyer et al. 2009).

Studierende präsentieren ihren Kommilitoninnen und Kommilitonen sowie den Lehrenden ihre didaktischen Planungen und ihren Content in Form eines solchen Pitches. Dabei ist es die Aufgabe der Studierenden, ihre Mitstudierenden von ihren Produkten zu überzeugen. Im Anschluss wird abgestimmt, welche vier studentischen Produkte im Laufe des zweiten Wochenendes kriteriengeleitet analysiert werden. Die Studierenden üben damit, (angehende) Kolleginnen und Kollegen von ihren Ideen und Produkten zu überzeugen. Dies ist eine Situation, die im Vorbereitungsdienst, aber auch nach Beendigung der Ausbildung, höchste Relevanz hat. Studienreferendarinnen und Studienreferendare sowie Lehramtsanwärterinnen und Lehramtsanwärter haben häufig rund eine Minute Zeit, die Ausbildungslehrperson auf dem Weg in den Klassenraum von den eigenen Ideen und Planungen für die kommende Stunde zu überzeugen. Im Alltag hat man in der Regel nur einen kurzen Moment in der Pause Zeit, eine Kollegin oder einen Kollegen für Ideen, z.B. zur Unterrichtsentwicklung, zu gewinnen.

7. Rückmeldungen

Die Studierenden der Semester 2017, 2017/2018 und 2018 haben überwiegend positive Aspekte zurückgemeldet. Sie lobten die Praxisnähe, d.h. die enge Verknüpfung von didaktischer Planung und Entwicklung digitalen Contents. Die Erarbeitung der Produkte fungierte als roter Faden im Laufe des Semesters, an dem sich alles orientierte. Weiterhin war die (häufig erstmalige) Beschäftigung mit Open Educational Resources für die Studierenden sinnvoll.
Durch das Blended Learning-Konzept war eine flexible Organisation und ein individuelles Lernen möglich. Die Studierenden empfanden die Betreuung der Lehrenden als intensiv und die Unterstützung durch die weiteren Mitglieder des Lernteams als äußerst hilfreich.

Literatur

Hobbs, Renee (2017): What Students and Teachers Need to Thrive in an Age of Fake News. Vortrag. Tagung Diggi17 Enter Next Level Learning. Köln: 27.09.2017. URL: 23.01.19: http://bit.ly/2R4Dpkh

Host, Henning/Jaster, Svenja/Baedorf, Dominik/Boos, Maria (2017): Das E-Portfolio in der Kölner LehrerInnenbildung. Wie kann durch das elektronische Portfolio in ILIAS die Selbstreflexion von Lehramtsstudierenden an der Universität zu Köln unterstützt werden? In: Igel, Christoph/Ullrich, Carsten/Wessner, Martin (Hrsg.): Bildungsräume DeLFI 2017 – Die 15. e-Learning Fachtagung Informatik, Lecture Notes in Informatics (LNI), Bonn, 377–378.

Krämer, Astrid/Hesse, Sebastian (2016): Bachelor-Praxisphasen im Kölner Lehramtsstudium. Anspruch und Umsetzung. Köln.

Mayrberger, Kerstin/Hofhues, Sandra (2013): Akademische Lehre braucht mehr „Open Educational Practices“ für den Umgang mit „Open Educational Resources“ – ein Plädoyer. In: Zeitschrift für Hochschulentwicklung, 8(4), 56–68.

Messner, Rudolf (2006): Leitlinien einer phasenübergreifenden Lehrerbildung. In: Erziehung und Unterricht, 156 (5–6), 504–524.

Meyer, Matthias/Schlotthauer, Tim (2009): Elevator Pitching. Erfolgreich akquirieren in 30 Sekunden. Wiesbaden.

Reinmann, Gabi. (2011): Blended Learning in der Lehrerausbildung. Didaktische Grundlagen am Beispiel der Lehrerkompetenzförderung. In: Seminar. Zeitschrift des Bundesarbeitskreises der Seminar- und Fachleiter, (3), 7–16.
Stalder, Felix (2017): Kultur der Digitalität. 3. Aufl. Berlin.

Carsten Hoffmann, Carola Nieß,
Gabriele Hornung & Christoph Thyssen

Medien2Go: Digitale Tools für den naturwissenschaftlichen Unterricht

Im Seminar Medien2Go werden konkrete, praxistaugliche Möglichkeiten für den Einsatz von Smartphones und Tablets im Chemie- und Biologieunterricht vorgestellt. Dabei nehmen die Lehramtsstudierenden sowohl die Perspektive der Anwenden- als auch die der Erstellenden (Schüler- und Schülerinnen- und Lehrerinnen- und Lehrersicht) ein, was ihnen eine mehrperspektivische Betrachtung und Bewertung der digitalen Tools ermöglicht. Der vorliegende Beitrag stellt die Idee und das dahinterstehende Konzept des fächerübergreifenden Wahlpflichtseminars vor.

1. Einleitung

Der kompetente Umgang mit digitalen Medien avanciert zu einer wesentlichen Kernkompetenz unserer Gesellschaft und ist Voraussetzung für ein selbstbestimmtes Lernen und Arbeiten in einer digitalen Welt. Umfragen belegen, dass ein Großteil der Jugendlichen in Deutschland ein Smartphone oder Tablet-PC besitzt und über mehrere Stunden am Tag nutzt (vgl. Feierabend/Plankenhorn/Rathgeb 2017). Auch die Industrie- und Arbeitswelt greift auf verschiedene digitale Endgeräte zurück und nutzt neue, smarte Technologien zur Kommunikation, Interaktion und Informationsbeschaffung. Folglich muss die Vermittlung von Medienkompetenz zentraler Bestandteil von Schule und Hochschule und den dortigen Bildungsprozessen sein und dabei in alle Phasen der Lehrkräftebildung implementiert werden. In Anlehnung daran hat das Strategiepapier „Bildung in der digitalen Welt" (vgl. KMK 2016) Inhalte und Ziele geschaffen, auf dessen Grundlage die Bundesländer das Lehren und Lernen mit digitalen Medien in die alltäglichen Bildungsprozesse integrieren sollen. Für Schule und Unterricht wird gefordert, dass die Vermittlung von Medienkompetenz nicht durch ein einzelnes Fach, sondern als integrativer Bestandteil

aller Fachcurricula umgesetzt werden soll (vgl. KMK 2016). Umfassende Medienkompetenz soll somit fächerübergreifend vermittelt werden, wobei jedes Fach einen eigenen Beitrag leistet.
Damit stehen praktizierende wie auch zukünftige Lehrkräfte vor der Herausforderung, bestehende und im Lehrplan verankerte Fachinhalte gleichzeitig mit Medienbildung als Querschnittselement des Fachunterrichts zu berücksichtigen. Aus mediendidaktischer Perspektive soll der Einsatz digitaler Medien nicht zum Selbstzweck erfolgen, d. h. die fachliche Zielsetzung ist weiterhin dominierend und wird lediglich unter dem Gesichtspunkt neuer (digitaler) methodischer Möglichkeiten realisiert (vgl. Martin 2018). Hierbei legen digitale Medien Grundlagen für vielfältige und neuartige didaktisch-methodische Konzepte: Sie ermöglichen z.B. die Erweiterung analoger Medien, experimentelle Messwerterfassungen und sowohl kollaborative als auch individuelle Lernprozesse. Diese Möglichkeiten sollen Lehramtsstudierenden im Rahmen des Wahlpflichtseminars Medien2Go konkret am Beispiel der Fächer Chemie und Biologie nähergebracht werden, um sie im Sinne von TPCK (Technological Pedagogical Content Knowledge, vgl. Mishra/Koehler 2006) auf einen digital unterstützten Fachunterricht hinreichend vorzubereiten.

2. Ziele des Seminars Medien2Go

Im Seminar Medien2Go werden grundlegende fachdidaktische Überlegungen zur Einbettung digitaler Medien in den naturwissenschaftlichen Unterricht (am Beispiel der Fächer Biologie und Chemie) angestellt und aus medientheoretischer und -praktischer Sicht beleuchtet. Schwerpunkt bildet die Vielfalt an Einbindungsmöglichkeiten digitaler Werkzeuge in den naturwissenschaftlichen Unterricht unter Berücksichtigung des schulischen Curriculums. Im Rahmen des Seminars sollen folgende Kompetenzen gefördert werden:
Die Lehramtsstudierenden

- erstellen digitalisierte Experimentieranleitungen und vom Experiment her materialgebundene Arbeitsblätter.
- setzen digitale Messwerterfassungssysteme ein.
- bewerten den Einsatz digitaler Medien in Hinblick auf geeignete Unterrichtssituationen.

- üben sich im Erstellen von Unterrichtsentwürfen unter Nutzung digitaler Medien.
- erstellen Animationen.
- gestalten individuelle Lernwege mithilfe digitaler Medien.

3. Auswahl der digitalen Tools

Die individuelle Verfügbarkeit von Smartphones und die steigende Zahl an schulischen Tablet-PCs birgt ein enormes Potential für unterrichtliche Lehr- und Lernszenarien. Das Seminar Medien2Go greift dieses Potential auf und fokussiert im Laufe eines Semesters vier verschiedene digitale Werkzeuge und deren Einbindung in den naturwissenschaftlichen Unterricht.

3.1 Smoothboard Air

Smartphones bzw. Tablet-PCs erfüllen je nach Schwerpunktsetzung unterschiedliche Funktionen. So können sie beispielsweise als Präsentations- und Kommunikationsmedium fungieren. Eine plattformunabhängige und kostenlose Software, die diese beiden Funktionen unterrichtsdienlich kombiniert, stellt *Smoothboard Air* dar. Sie erlaubt es den Desktop-Bildschirm der Lehrkraft auf allen Geräten der Schülerinnen und Schüler zu spiegeln und zur gemeinschaftlichen, interaktiven Nutzung freizugeben. Diese gemeinschaftliche Nutzung ermöglicht es, dass alle Schülerinnen und Schüler zeitgleich an dem gleichen Dokument arbeiten können und eröffnet dadurch neue methodische Möglichkeiten, wie z.B. das kollaborative Lernen (vgl. Hillmayr/Reinhold/Ziernwald /Reiss 2017). Der Fokus des kollaborativen Lernens liegt auf der gemeinsamen Erarbeitung, sodass alle Schülerinnen und Schüler zu jeder Zeit des Lernprozesses miteinander vernetzt sind. Dabei kann die Lehrkraft über ein Control Panel mittels Knopfdruck kollektiv oder individuell die Lese- und Schreibrechte der Schülerinnen und Schüler steuern. Das Lernprodukt kann auf einer digitalen Pinnwand auf den Endgeräten der Schülerinnen und Schüler gespeichert werden.

3.2 Augmented Reality

„*Augmented Reality* (AR) bedeutet, dass die Realität mithilfe von Smartphones oder Tablet-PCs durch virtuelle Komponenten erweitert (= augmentiert) wird. Dabei werden virtuelle Overlays positionsgenau auf real vorhandene Medien [...] im Kamerabild eingeblendet." (Thyssen/Hoffmann 2018, 28) So können beispielsweise Museumsexponate mit zusätzlichen Informationen wie Beschriftungen, 3D-Daten, Beschreibungen, Audiodateien etc. erweitert werden, ohne dass der Realbezug dabei verloren geht. Zum anderen können virtuelle Hilfestellungen auf einem Arbeitsblatt nach individuellem Bedarf eingeblendet werden. Dies ermöglicht, besonders unter dem Gesichtspunkt der Binnendifferenzierung, zahlreiche Anwendungsfelder. Es ist zum Beispiel möglich, Hilfen zur Erschließung von Inhalten direkt am Medium anzubieten, ohne dieses selbst zu verändern. So lassen sich zum Beispiel bestimmte Areale hervorheben und in den Fokus des Lerners rücken (vgl. Thyssen et al. 2018). Im Kontext des Seminars Medien2Go wurde die Plattform HP Reveal eingesetzt. Im Gegensatz zu den meisten verfügbaren AR-Apps stellt HP Reveal eine plattformunabhängige und kostenlose Software dar, mit der eigene AR-basierte Lernumgebungen am Computer im Browser erstellt und direkt mittels Smartphone oder Tablet-PC abgerufen werden können. Dies gibt Lehrkräften die Möglichkeit, flexibel ihre AR-Medien den eigenen didaktischen Zielsetzungen und der Lerngruppe anzupassen.

3.3 HyperDocs

Ein weiteres digitales Tool, welches die besonderen Anforderungen heterogener Lerngruppen berücksichtigt, stellen sogenannte *Hyper-Docs* dar. Dabei handelt es sich um digitale Arbeitsblätter, welche über Verlinkungen mit weiteren Inhalten wie beispielsweise Lernhilfen interaktiv verknüpft sind. Dies erlaubt einen schnellen Wechsel zwischen verschiedenen Repräsentationsformen, sodass den Lernenden multimediale und individuell nutzbare Zugänge zu Lerninhalten angeboten werden können. Mithilfe eines neu entwickelten, assistiven Systems der Fachdidaktik Chemie ist es Lehrenden und Studierenden möglich, digitale Hilfeseiten oder Zusatzmaterialien mit nur wenig Aufwand zu erstellen, zu verwalten und mit bestehenden Materialien wie z.B. Arbeitsblättern zu verknüpfen (vgl. Hornung/Fitting/Hemm

2018). Die genutzte Software ist dabei sowohl als Online- als auch als Offline-Ressource verfügbar. Darüber hinaus bietet sie die Möglichkeit, nutzerspezifische Analysedaten zu erfassen, die Rückschlüsse auf das individuelle Nutzungsverhalten der Schülerinnen und Schüler zulassen. So können individuelle Lernwege der Lernenden nachverfolgt und diagnostiziert werden, um eine zielgerichtete Förderung und Forderung dieser zu ermöglichen (vgl. Hornung/Fitting/Hemm/Nieß 2018).

3.4 Smart-Photometer

Die Rechenleistung mobiler Endgeräte eröffnet ein breites Anwendungsspektrum im naturwissenschaftlichen Unterricht. Neben der Repräsentation verschiedener Medientypen oder der Möglichkeit zur schnellen und einfachen Kommunikation und Kollaboration können Smartphones oder Tablet-PCs z.B. auch als Experimental- bzw. Messwerkzeug eingesetzt werden. Eine experimentelle Anwendungsmöglichkeit stellt die Methode *Smart Photometer* dar, bei der Tablet-PCs oder Smartphones zur photometrischen Konzentrationsbestimmung genutzt werden (vgl. Lühken/Weiß/Wigger 2014). Photometrische Analysen sind Gegenstand vieler chemischer und biologischer Fragestellungen, wobei gelöste Substanzen durch zumeist kostspielige Geräte quantitativ bestimmt werden. Dies ist in der Schulpraxis aufgrund fehlender apparativer Ausstattung nur selten durchführbar. Der Einsatz von Smartphones oder Tablet-PCs als Photometer-Ersatz erlaubt eine präzise Messwerterhebung und ermöglicht eine anschauliche Vermittlung theoretischer sowie praktischer Grundlagen der photometrischen Konzentrationsbestimmung. Im Seminar Medien-2Go wird eine Methode mit einfachem Set-Up vorgestellt, welches schnell aufgebaut ist und die Durchführung der Messungen auch in schülerzentrierten und kommunikativen Sozialformen, wie beispielsweise Partnerarbeit, zulässt (vgl. Thyssen/Hartner/Nieß 2016). Gegenüber einem professionellen Spektrometer bietet dies neben dem finanziellen Aspekt den wesentlichen methodischen Vorteil, dass innerhalb einer Lerngruppe mehrere Messungen gleichzeitig durchgeführt werden können.

4. Methodische Umsetzung

Das Seminar Medien2Go wird an der TU Kaiserslautern fachbereichsübergreifend von der Didaktik der Chemie und der Didaktik der Biologie für Lehramtsstudierende im Masterstudium angeboten. Aus einer deutschlandweiten Studie zum Einsatz digitaler Medien unter Lehramtsstudierenden geht hervor, dass die Nutzung digitaler Medien unter den Befragten meist auf passive Nutzungen von Angeboten und Diensten fokussiert ist (vgl. Thyssen/ Finger/Laumann/ Vogelsang 2019). Dieser Umstand macht eine multiperspektivische Betrachtung der zu behandelnden digitalen Werkzeuge unabdingbar und führt zu einem Seminarkonzept, in dem die Studierenden die Werkzeuge zunächst unter den gewohnten anwendungsorientieren Gesichtspunkten kennenlernen, um im späteren Verlauf des Seminars diese Erfahrungen auf die Perspektive der Erstellenden zu übertragen. Gerade für die Unterrichtsplanung ist es unerlässlich, beide Perspektiven im Blick zu behalten, um eine saubere didaktisch-methodische Planung durchzuführen und ggf. auftretende Lernhindernisse im Vorfeld zu identifizieren.
Das Seminar findet während des Semesters alle zwei Wochen statt. Die Dauer einer Seminareinheit beträgt 3 x 45 Minuten, wobei sich aktive Phasen der Dozierenden und Studierenden abwechseln: In der ersten Seminareinheit schließt sich nach kurzer Einführung ein Praxisworkshop zu einem der ausgewählten digitalen Tools an. Dieser Workshop ist so organisiert, dass die Dozierenden zunächst einen mediendidaktischen Input geben, bevor in die Praxisphase übergeleitet wird. Im ersten Teil der Praxisphase haben die Studierenden die Möglichkeit, das jeweilige Tool aus der Anwenderperspektive kennenzulernen und erste Erfahrungen aus Sicht der Schülerinnen und Schüler zu sammeln. Der zweite Teil der Praxisphase befasst sich schwerpunktmäßig mit der Gestaltung einer solchen Lernumgebung (Perspektive der Erstellenden). Die Studierenden erstellen unter Anleitung und in einem unterrichtspraktischen Kontext eine eigene kleine Lernumgebung. Eine(r) der Studierenden bereitet in den darauffolgenden zwei Wochen eine Unterrichtsminiatur vor, um sie dann zu Beginn der folgenden Seminareinheit in Form eines simulierten Unterrichts durchzuführen. Hierbei übernehmen die übrigen

Teilnehmenden die Rolle der Schülerinnen und Schüler. Die Unterrichtsminiatur, insbesondere der Einsatz des jeweiligen digitalen Tools, wird unter der Leitung der Dozierenden mediendidaktisch reflektiert. Das Feedback der Mitstudierenden und Dozierenden wird zur Überarbeitung des Lehrkonzepts herangezogen und fließt in die Erstellung eines ausführlichen Lehrprobenentwurfs ein. Diese Seminarstruktur wiederholt sich für alle o.g. Tools.
Die Konzeption der Unterrichtsminiatur unterliegt, unter anderem aufgrund der Angliederung an den BeiBringBasar (s.u.), den folgenden Anforderungskriterien: Zeitumfang 15 Minuten, Bearbeitung eines Spezialthemas (wahlweise Chemie oder Biologie), Phasierung einer Unterrichtseinheit (Einstieg, Erarbeitung, Sicherung), sinnvolle Einbindung des zuvor im Seminar behandelten digitalen Tools sowie eine didaktische Reduktion für die 6. Klassenstufe.
Um die digital unterstützten Unterrichtsminiaturen hinsichtlich ihrer Praxistauglichkeit bewerten zu können, ist das Seminar Medien2Go an ein weiteres Lehr-/Lernszenario der TU Kaiserslautern, den BeiBringBasar (BBB), angegliedert. Dabei bereiten Lehramtsstudierende Basarstände vor, an denen sie eigens geplante Unterrichtskonzepte zu ausgewählten Themen ihrer Studienfächer präsentieren und mit den teilnehmenden Schülerinnen und Schülern der sechsten Jahrgangsstufe durchführen. In diesem Rahmen wird den Studierenden die Möglichkeit gegeben, geplante Unterrichtsminiaturen unter quasi-realen Bedingungen zu erproben. Jede Unterrichtsminiatur wird dabei in sechs Durchgängen an den Ständen angeboten, wobei die Schülerinnen und Schüler bei jedem Durchgang den Stand wechseln und auf diese Weise sechs verschiedene Angebote wahrnehmen können. Studierende, die keinen Basarstand aktiv umsetzen, haben währenddessen die Aufgabe, die Umsetzung der Unterrichtsminiaturen nach vorgegebenen Hospitationskriterien zu beobachten, zu bewerten und nach drei von sechs Durchgängen ein Feedback zu geben. Durch die Rückmeldungen nach der Hälfte der Unterrichtsversuche haben die Studierenden die Gelegenheit, die Verbesserungsvorschläge direkt umzusetzen. Dadurch unterliegt die initial geplante Unterrichtsminiatur im Laufe des Semesters einer ständigen konzeptionellen Weiterentwicklung, sodass am Ende ein praxistauglicher Lehrprobenentwurf als Lernprodukt entsteht (vgl. Technische Universität Kaiserslautern 2018).

Literatur

Feierabend, Sabine/Plankenhorn, Theresa/Rathgeb, Thomas (2017): JIM 2017. Jugend, Information, (Multi-) Media. Basisuntersuchung zum Medienumgang 12- bis 19-jähriger. Verfügbar unter https://www.mpfs.de/fileadmin/files/Studien/JIM/2017/JIM_2017.pdf. Zuletzt geprüft am 23.11.2018.

Hillmayr, Delia/Reinhold, Frank/Ziernwald Lisa/Reiss, Kristina (2017): Digitale Medien im mathematisch-na-turwissenschaftlichen Unterricht der Sekundarstufe. Einsatzmöglichkeiten, Umsetzung und Wirksamkeit. Münster, New York: Waxmann.

Hornung, Gabriele/Fitting, Nils/Hemm, Harald (2018): „Fördern und Fordern" mit digitalisierten multimedialen Lernzugängen. Posterbeitrag. Gesellschaft Deutscher Chemiker, FGCU Jahrestagung in Karlsruhe 2018. Karlsruhe: 13.09.2018.

Hornung, Gabriele/Fitting, Nils/Hemm, Harald/Nieß, Carola (2018): „Fördern und Fordern" mit individuellen multimedialen Lernzugängen. Vortrag. Gesellschaft für Didaktik der Chemie und Physik, Jahrestagung in Kiel 2018. Kiel: 17.09.2018.

KMK (2016): Bildung in der digitalen Welt. Strategie der Kultusministerkonferenz. Berlin: Kultusministerkonferenz. Verfügbar unter https://www.kmk.org/fileadmin/Dateien/pdf/PresseUndAktuelles/2016/Bildung_digitale_Welt_Webversion.pdf. Zuletzt geprüft am 23.11.2018.

Lühken, Arnim/Weiß, Silke/Wigger, Nadine (2014): Smartphones im Chemieunterricht - Recherchieren und Experimentieren mit Apps; PdN Chemie; 63 (4); S.22–27.

Martin, Alexander (2018): Lernen mit und über Medien. Bildungspolitische Utopien, empirische Fakten und Einsatzszenarien für Praxisphasen. Vortrag. Jahrestagung der Bundesarbeitsgemeinschaft Schulpraktische Studien (BaSS) 2018. Köln: 25.09.2018.

Mishra, Punya/Koehler, Matthew J. (2006): Technological pedagogical content knowledge: A framework for teacher knowledge. Teachers college record, 108(6), 1017.

Technische Universität Kaiserslautern (2018): BeiBringBasar-Kooperationsveranstaltung „Allgemeine Didaktik, Fachdidaktik und Schule". Verfügbar unter www.uni-kl.de/zfl/forschung-konzepte/

fachdidaktikzentrum/uebersicht/beibringbasar/. Zuletzt geprüft am 23.11.2018.

Thyssen, Christoph/ Finger, Alexander/ Laumann, Daniel/ Vogelsang, Christoph (2019): Digitalisierung in der Lehrerbildung Einstellungen und motivationale Orientierungen von angehenden Biologielehrkräften zum Einsatz digitaler Medien im Unterricht. In: Hammann Marcus/ Lindner Martin (Hrsg.): Lehr- und Lernforschung in der Biologiedidaktik Band 8. Studienverlag: Innsbruck, 337–352.

Thyssen, Christoph/Hartner, Larissa/Nieß, Carola (2016): Taschenphotometer – Chemische und Biologische Analysen mit Smartphone oder Tablet, In: MNU Themenspezial MINT 2017, Verlag Klaus Seeberger Neuss.

Thyssen, Christoph/Hoffmann, Carsten (2018): Medien mit Augmented Reality erweitern: Virtuelles Add-on zur didaktischen und Methodischen Aufbereitung von Medien. In: Meßinger-Koppelt, Jenny/ Maxton-Küchenmeister, Jörg (Hrsg.): Naturwissenschaften digital – Toolbox für den Unterricht, Hamburg, 28–31.

2. Einblicke in konkrete Ausgestaltungen und Umsetzungen

2.3 Digitalisierung im Lehramtsstudium

Julia Nebhuth, Birgit Strifler, Vanessa Cordes-Finkenstein & Christine Preuß

ePortfolio im Lehramtsstudium an der TU Darmstadt – *Chancen und Grenzen von mahara*

Rückblickend auf vier Jahre Erfahrung mit elektronischer Portfolioarbeit in der Lehrerbildung an der TU Darmstadt soll der folgende Beitrag die Praxis im Umgang mit der Online-Plattform mahara im Rahmen des ersten orientierenden Schulpraktikums im Lehramt an Gymnasien sowie im Lehramt an beruflichen Schulen veranschaulichen. Der Fokus ist auf didaktische, inhaltliche sowie technisch-organisatorische Aspekte gerichtet. Anhand von Praxiserfahrungen werden sowohl Chancen als auch Herausforderungen des ePortfolios illustriert.

1. Das ePortfolio in den Praxisphasen an der TU Darmstadt

Das Konzept der gestuften Praxisphasen an der TU Darmstadt versteht sich als verbindendes Element zwischen schulischer Praxiserfahrung und Theoriebildung während des gesamten Studiums. Zentraler Inhalt der Praxisphase I ist die angeleitete Theorie-Praxis-Reflexion. Hierdurch soll der Perspektivwechsel von als Schülerin oder Schüler bzw. als Studierende entwickelten Deutungsmustern hin zur Sichtweise einer angehenden Lehrkraft und der Aufbau einer professionellen Haltung als Lehrperson durch die begleitete Selbstreflexion unterstützt werden. Das flankierende ePortfolio, in dem die Studierenden ihren berufsbiografischen Entwicklungsprozess über die einzelnen Praxiseinsätze dokumentieren, stellt das verbindende Element der gestuften Praxisphasen dar. Der Einsatz des Portfolios erfolgt in beiden Studiengängen (Lehramt an Gymnasien und Lehramt an beruflichen Schulen) über die Open Source Plattform *mahara*, die den Studierenden beispielsweise verschiedene Community-Funktionen (Foren, Feedback, Gruppen) zur Verfügung stellt.

2. Theoretischer Hintergrund des ePortfolios in der Praxisphase I

Mithilfe des ePortfolios wird das Ziel verfolgt, die Lehramtsstudierenden in ihrem theoriegeleiteten Professionalisierungsprozess zu unterstützen, indem die Fähigkeit zur Selbstreflexion gefördert wird (vgl. Abb. 1). Reflexion, verstanden als innerer Dialog zwischen Denken und Handeln, stellt eine der Kernkompetenzen dar, die zur Professionalisierung von Lehrpersonen unentbehrlich ist.
Reflexion kann durch Portfolioarbeit befördert werden, da durch den Schreibprozess selbst bereits eine Auswahl der Gedanken erfolgt und durch die Übersetzung in Schriftsprache quasi Distanz geschaffen wird. Ausgehend davon, dass eine Rückschau auf eine bereits gemachte Erfahrung gegebenenfalls eine Neubewertung der Situation

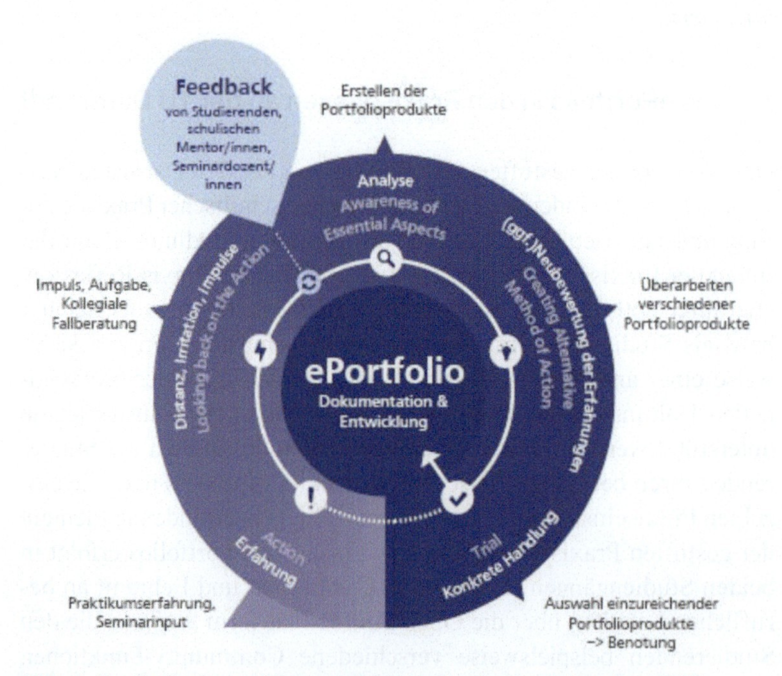

Abb. 1: Der Reflexionszyklus angelehnt an Korthagen & Vasalos (2005) (Quelle: ZfL TU Darmstadt Preuß/Cordes)

hervorruft, die in konkretes und verändertes Handeln überführt werden kann, regt eine wiederholte Auseinandersetzung mit derselben Fragestellung die Reflexivität der Studierenden an. In weiteren Schritten kann die Überarbeitung der Portfolioprodukte nach erhaltenem Feedback erfolgen. Diese wiederholende Beschäftigung mit ein und demselben Portfolioeintrag eröffnet somit die Chance, über noch nicht berücksichtigte Möglichkeiten nachzudenken, die Sichtweisen von anderen Personen nachzuvollziehen und wissenschaftliche Theorien in die eigene Denkweise zu integrieren. Durch das Feedback kann eine Auseinandersetzung mit ggf. teilweise kontrastierenden Vorstellungen über das Handlungsfeld Schule stattfinden. Das Begleitangebot an der Hochschule sichert Studierenden die notwendige wissenschaftlich-theoretische Rahmung, um individuelle Deutungsmuster zunehmend zu professionalisieren.

3. Die *mahara*-Anwendung zwischen Wunsch und Wirklichkeit

Für die Studierenden bedeutet die Arbeit mit dem ePortfolio, dass sie sich in eine weitere elektronische Plattform einarbeiten müssen, was gelegentlich zu einem Gefühl der Überforderung und einer latenten Verweigerungshaltung im Umgang mit *mahara* führt. Als nicht-kommerzielle Software, mit einer kleinen Nutzer-Community, erleben die Studierenden *mahara* häufig als wenig bedienungsfreundlich.
Um für alle Studierenden die Teilhabe sicherzustellen und die Akzeptanz für die Arbeit mit dem ePortfolio zu befördern, ist eine ausführliche technische Einführung in die Seminarveranstaltungen implementiert. Während dieser wird eine gemeinsame organisatorische Basis geschaffen und die Grundstruktur der ePortfolios angelegt. Diese Investition kostbarer Seminarzeit ist vor dem Hintergrund lohnend, dass Studierende aus der vermeintlichen Generation der *digital natives* mit sehr unterschiedlichen Voraussetzungen trotz allem eines gemeinsam haben: Von *mahara* hat (fast) noch niemand zuvor gehört. Eine regelmäßige, offene Sprechstunde am Zentrum für Lehrerbildung (ZfL) bietet den Studierenden während der gesamten Praxisphasen weitere Unterstützung in der Gestaltung des ePortfolios.
Wünschenswert wäre während der Praktika, dass sich Studierende

über die auf *mahara* angelegten Foren über Erlebnisse und Erkenntnisse des Schulalltags austauschen. Dies geschieht in der Realität eher über private Kanäle. Lehrpersonen der Hochschule sind dadurch von diesem Austausch exkludiert, wodurch ein wertvolles Potential für Reflexionsanlässe ungenutzt bleibt. Um die Studierenden im Praktikum an die Plattform zu binden, wird das Informationsangebot aufrechterhalten. Aber nur aufgrund des elektronischen Einreichens der Portfolioaufgaben, greift die Plattform als Ort des Datentransfers (Freigabe und Feedback der Portfoliobeiträge). Als kollaborativer Kursraum verliert *mahara* während des zweiten Modulteils an Bedeutung.
Somit zeigt die Praxis nicht ganz den gewünschten Effekt. In jedem Semester lässt sich feststellen, dass die Angebote auf *mahara* nur zögerlich angenommen werden. Wenn Seminargruppen eine starke *mahara*-Aktivität entwickeln, bedarf es einzelner Studierender, die mit *best-practice* Beispielen eine Vorbildrolle für die übrigen Teilnehmenden einnehmen und privat Hilfestellungen anbieten.

4. Potentiale der *mahara*-Anwendung – sichtbare Erfolge?

Indem *mahara*, in Form von unterschiedlichen Dateiformaten, zusätzliche und neue Optionen anbietet, werden Studierenden neue Wege eröffnet, sich Aufgaben und Anforderungen zu nähern. Dies bietet ein großes Potential für Binnendifferenzierung. Nach Rothgenger (2016, 232) „[...] kann die Portfolioarbeit Raum bieten, akademische Selbstständigkeit zu fördern und individuellen Lerngewohnheiten nachzukommen.“ Lehramtsstudierende können, sei es aufgrund (fach-)kulturbedingter oder persönlicher Präferenzen, in Bezug auf eigene Lern- und Arbeitsmethoden auf Alternativen zum Schreiben zurückgreifen und mittels Videotagebuch, Bildern o. ä. ihren Veränderungsprozess darstellen.
Die Arbeit mit *mahara* bietet Lerngelegenheiten, die zur Erweiterung der Medienkompetenz beitragen und dazu, dass Vorbehalte gegen die eigenen technischen Fertigkeiten abgebaut werden. Die Bereitschaft, neue Medien im Unterricht (verantwortungsvoll) zu nutzen, kann durch die elektronische Portfolioarbeit geweckt werden, indem sich Studierende im Umgang mit der Plattform als selbstwirksam er-

leben. Um die Relevanz der Plattform für die Studierenden zu stärken und zusätzliche Lernanlässe im Umgang mit *mahara* zu schaffen, ist der Einsatz als seminarbegleitender elektronischer Kursraum naheliegend. Neben der Materialbereitstellung und dem Angebot von zusätzlichen inhaltlichen Impulsen, werden alle Seminarveranstaltungen durch die Studierenden als Blogbeitrag via *mahara* dokumentiert. Auch hier besteht auf elektronischem Weg die Möglichkeit, sich über das Seminargeschehen auszutauschen und dessen Lernwirksamkeit kritisch zu hinterfragen sowie mögliche Lernkurzschlüsse zu identifizieren und zu beheben.
Der Online-Zugang bietet zudem beachtliche Vorteile gegenüber der Offline-Variante: der Arbeit mit *mahara* sind räumlich und zeitlich kaum Grenzen gesetzt und lässt eine Weiterarbeit an dem Portfolio z.B. über das Smartphone zu. Dieser flexible Zugang erlaubt auch die Begleitung der Studierenden, die ihre Schulpraktika im Ausland absolvieren.

4.1 Chancen der ePortfolio-Arbeit in der Praxisphase I

Da es sich bei der Zielgruppe um Studierende mit nur wenig Erfahrung im Umgang mit wissenschaftlichen Theorien handelt, die keine/kaum Übung mit Reflexionspraktiken mitbringen, müssen sie zu Beginn des Studiums zur Reflexion angeleitet und schrittweise befähigt werden. Erfahrungsgemäß fühlen sich Studierende in der ersten Praxisphase häufig mit einem zu großen Maß an Freiheit überfordert. Da Portfolioarbeit und institutionalisierte Reflexion für die meisten neu erscheint und es an abrufbaren Routinen fehlt, bietet die kontinuierliche Beschäftigung mit relevanten Fragen, eng definierte Arbeitsaufträge sowie die konsequente Handhabung der elektronischen Abgaben eine Hilfestellung, um Reflexionsaufgaben in angemessenen Zeitabständen zu bearbeiten.
Studierende empfinden es hilfreich, wenn sie auf vorgegebene Angebote, wie z.B. vorstrukturierte Leitfragen, zurückgreifen können. Diese sollten die Option offenhalten, eigene Ideen entwickeln und formulieren zu können und sich von Vorgaben zu lösen. Dennoch bieten inhaltliche Angebote auch für fortgeschrittene Studierende einen Orientierungsrahmen und können als Ideenpool genutzt werden. Im Idealfall sollten Studierende in den sich anschließenden Praxisphasen

zunehmend Gestaltungsfreiheit für das eigene Professionalisierungsportfolio erhalten und sukzessive selbstreguliert arbeiten. So könnten sie eigene Reflexionsanlässe und -gegenstände determinieren und z.B. auf Portfolioprodukte bzw. -beiträge vergangener Studienphasen zurückgreifen und diese aus eigenem Antrieb überarbeiten, um die persönliche Weiterentwicklung nachvollziehbar abzubilden (vgl. Friedrich/Mandl 1997).

4.2 Feedback als multiple Lernmöglichkeit

Eine Möglichkeit, die Studierenden während des Praktikums an *mahara* zu binden, besteht in einer aktiven und konstruktiven Feedbackkultur. Bei kleinen Gruppen ist es leistbar, von Studierenden während des gesamten Semesters regelmäßig Aufgaben einzufordern, auf die kontinuierlich Feedback gegeben wird. Studierende bekommen so gespiegelt, welche Entwicklungspotenziale sie in Erwägung ziehen können und erhalten eine indirekte Rückmeldung zu ihrem jeweiligen Leistungsstand. Auf dieser Ebene kann ein fruchtbares *Mehr* an Kommunikation stattfinden, das die Studierenden mitunter auch nachdrücklich einfordern.
Dazu bietet *mahara* die Möglichkeit, den Grad der Öffentlichkeit des ePortfolios zu steuern. Daher obliegt es den Studierenden zu entscheiden, ob sie die Privatsphäre vorziehen und ihre Arbeiten nur für bewertende Personen freigeben, ausgewählte *critical friends* einbeziehen oder sich in die Öffentlichkeit der gesamten Gruppe trauen, mit dem Ziel Feedback aus einem erweiterten Personenkreis zu erhalten. Die Form der Freigabe ist jederzeit revidierbar und so lässt sich beobachten, dass das Vertrauen in die Urteilsfähigkeit der Mitstudierenden im Laufe eines Semesters deutlich zunehmen kann. Auch als nicht direkt Beteiligte schauen sich Studierende Portfoliobeiträge und Feedbacks der Anderen an, um Anregungen für die eigene Arbeit zu bekommen (vgl. z.B. Nückles/Renkl/Fries 2005).
Ist eine Abgabe für die gesamte Seminargruppe freigegeben, ist die Rückmeldung (keine Bewertung) der oder des Dozierenden ebenso öffentlich. Studierende können auf zahlreiche Beispiele zugreifen und erhalten Hilfe für die Ausgestaltung der eigenen Aufgaben. Durch die im Feedback enthaltenen Informationen stellen diese recht verlässliche Anregungen dar. Bei einer entsprechenden theoretischen

Rahmung während der Seminarveranstaltungen kann so eine konstruktive und wertschätzende Feedbackkultur entstehen, die auch auf weitere Kontexte übertragbar wäre.

4.3. Herausforderungen des ePortfolios in der Praxisphase I

Häufig werden beeindruckende Portfolios eingereicht, die die gestellten Anforderungen übersteigen, obwohl im Allgemeinen Umfang und Zeitbedarf für die Portfolioarbeit von den Studierenden kritisiert werden. Demnach lässt sich an Einzelpersonen feststellen, dass das Portfoliokonzept einen Schlüssel zur Professionalisierung darstellt und die elektronische Variante ein motivierendes Format anbietet.
Es besteht die Gefahr, dass sich Studierende verleiten lassen, durch die Verwandtschaft zu privat genutzten sozialen Online-Portalen, sich von Inhalten abgelenkt zu stark mit Äußerlichkeiten zu befassen. Auch könnten Studierende zu sehr darauf bedacht sein, den Fokus ihrer Portfoliobeiträge ausschließlich auf eine positive Bewertung zu richten und weniger darauf, authentische Gedankengänge abzubilden. Diese Gefahr besteht dann, wenn eine produktive Offenheit gegenüber Lernleistungen, positiver sowie negativer, und reflexive Praxis fehlen (vgl. Bräuer 2006, 257).

> „Mit Ideen zur Lösung einer Aufgabe wird höchstens im ‚stillen Kämmerlein' (Hervorhebung im Original) gespielt. Im fertigen Arbeitsprodukt werden genutzte Experimentierflächen verwischt und offen gebliebene Fragen vertuscht. Veröffentlicht wird schließlich etwas, das kaum zusätzliches kommunikatives Potential besitzt, außer dem, der Lehrkraft oder anderen Kontrollinstanzen Perfektion und Erfolg zu signalisieren" (Bräuer 2006, 257).

Insbesondere die während der ersten Praxisphase mitschwingende Frage der persönlichen Eignung könnte dazu führen, dass wichtige innere Zweifel und Fragen nicht abgebildet werden, aus Furcht die Eignung für den Lehrberuf *‚aberkannt'* zu bekommen. Demnach stehen Dozierende in einem Konflikt, Portfolios, wie an der TU Darmstadt praktiziert, als Studienleistung bewerten zu müssen. Der Spagat, zwischen intensiver Reflexion und eloquent ausformulierten Texten unterscheiden zu müssen, scheint schwer leistbar. Mediengestalterisch wirksam inszenierte „Hochglanzportfolios" (Bräuer 2006,

257) tragen ebenfalls dazu bei, die Reflexionstiefe zu verschleiern. Einerseits wirkt eine wertschätzende Rückmeldung zu ersten Reflexionsversuchen und gelungenen *mahara*-Anwendungen motivierend, andererseits soll einer reflexionsarmen Inhaltsleere entgegengewirkt werden. Da der Anspruch Reflexionsprozesse anzustoßen, Studierende zunehmend zur Reflexion befähigen zu wollen und das ePortfolio als zielführendes Instrument zu etablieren mit der Notwendigkeit der Bewertung korreliert, bedeutet dies für uns als Lehrende der Hochschule, dass reflexive Fähigkeiten der Studierenden nicht Gegenstand der Bewertung sein dürfen, sondern lediglich auf der Ebene eines Feedbacks gespiegelt werden. Die Form des Feedbacks erfordert jedoch hohe zeitliche Ressourcen, da Portfoliobeiträge mehrfach begutachtet und Rückmeldungen kommuniziert werden müssen. Z.B. impliziert das elektronische Format den Anspruch in Echtzeit kommunizieren zu müssen. Dies setzt Dozierende und Studierende gleichermaßen unter Druck und führt nicht selten zu einem belastenden Hin & Her der elektronischen Korrespondenz. Eine angemessene Abgrenzung ist hier durch das Wahren professioneller Distanz und dem Aufzeigen von Grenzen anzuraten.

5. Fazit & Ausblick

Für uns stellt Portfolioarbeit ein zentrales Instrument dar, die für den Lehrberuf essentielle Reflexionskompetenz zu institutionalisieren und für einen umfassenden Professionalisierungsprozess bewusst und nutzbar zu machen. Wir begegnen dieser Anforderung, indem wir *mahara* als elektronische Plattform für Portfolioarbeit einführen und mit lenkenden Aufgaben Angebote unterbreiten, die Fähigkeit zu reflexivem Schreiben zu entwickeln. Dabei halten wir Optionen zur Mitgestaltung und Überarbeitung sowie flächendeckende Unterstützungsangebote bereit, um die Studierenden im Umgang mit der Online-Plattform zu unterstützen.

Dazu fordern wir die aktive Auseinandersetzung mit den eigenen subjektiven Theorien ein und verpflichten zur Abgabe auf elektronischem Weg. Im Gegenzug bieten wir eine konstruktive Rückmeldung und die Möglichkeit, diese auch notenwirksam umzusetzen. Wir beziehen Studierende bei der Bewertung der Aufgaben insofern mit ein,

als dass sie selbst einzelne Portfoliobeiträge elaborieren und für die Bewertung auswählen können. Die Reflexionsfähigkeit selbst haben wir als Bewertungskriterium bewusst ausgeklammert.
Unser wirksamstes Instrumentarium ist das Feedback, das durch die Portfolioarbeit zum Lerngegenstand wird. Studierende erkennen dies vielfach als gewinnbringend, was zu einer konstruktiven Feedbackkultur in den Seminaren beiträgt. Dabei nehmen wir den elektronischen Kommunikationsweg allerdings als fordernd und zeitintensiv wahr, jedoch nicht als belastend für die Beziehungsebene, da einerseits die Akzeptanz für die Portfolioarbeit selbst, aber auch für die Umsetzung über *mahara* gefördert wird.
Basierend auf den bisherigen Erfahrungen lässt sich folgendes Fazit ziehen: Je stärker die Anbindung in den folgenden Phasen der Lehramtsausbildung ist, desto größer und wahrnehmbarer ist der Nutzen eines ePortfolios für die Studierenden.
Eine elektronisch gestützte Portfolioarbeit sollte bei Lehramtsstudierenden möglichst durchgängig erfolgen, damit perspektivisch der Prozess der (Selbst-)Reflexion und Dokumentation des eigenen Handelns kontinuierlich fortgeführt und durch wissenschaftliche Erkenntnisse bereichert wird. So können die eigenen subjektiven Theorien professionalisiert werden. Am Ende des Studiums sollte der gesamte Entwicklungsprozess vom Beginn des Studiums bis zum Eintritt in den Vorbereitungsdienst auf einen Blick transparent sein. Dazu bedarf es, unserer Meinung nach, verbindlicher Zuständigkeiten und einer intensiven, phasen- und fachbereichsübergreifenden Zusammenarbeit an der Hochschule, damit sich tragfähige und durchgängige Konzepte (weiter-)entwickeln können.
Wir sehen in der digitalen Portfolioarbeit ein immenses Potential für kollaboratives Lernen. Für angehende Lehrpersonen offenbart diese, neben einer zukunftsweisenden Medienkompetenz, ein Mehr an wertschätzendem Austausch unter Studierenden und zwischen Studierenden und Dozierenden. Dies könnte ein wichtiger Meilenstein sein, die Portfolio-Philosophie des individuellen, beziehungs-basierten, auf Reflexion und Erfolg ausgerichteten Lernens über die angehenden Lehrpersonen in das deutsche Schulwesen hineinzutragen und zu etablieren.

Literatur

Bräuer, Gerd (2006): Keine verordneten Hochglanz-Portfolios, bitte! Die Korruption einer schönen Idee? In: Brunner, Ilse/Häcker, Thomas/Winter, Felix (Hrsg.): Das Handbuch Portfolioarbeit, Konzepte – Anregungen – Erfahrungen aus Schule und Lehrerbildung. Seelze-Velber, 257–261.

Friedrich, Helmut F./Mandl, Heinz (1997): Analyse und Förderung selbstgesteuerten Lernens. In: Weinert, Franz E./Mandl, Heinz (Hrsg.): Psychologie der Erwachsenenbildung. Göttingen, Bern, Toronto & Seattle, 237–293.

Korthagen, Fred/Vasalos, Angelo (2005): Levels in reflection: core reflection as a means to enhance professional growth. In: Teachers and Teaching: theory and practice, 11, 47–71.

Nückles, Matthias/Renkl, Alexander/Fries, Stefan (2005): Wechselseitiges Kommentieren und Bewerten von Lernprotokollen in einem Blended Learning Agreement. In: Unterrichtswissenschaft, 33, 227–243.

Rothgenger, Jonathan (2016): Mein (Arbeits-)Raum? – Das Portfolio aus Studierendenperspektive. In: Boos, Maria/Krämer, Astrid/Kricke, Maike (Hrsg.): Portfolioarbeit phasenübergreifend gestalten – Konzepte, Ideen und Anregungen aus der LehrerInnenbildung. Münster & New York, 229–234.

Björn Bulizek & Mechthild Wiesmann

Der *Universitätsverbund für digitales Lehren und Lernen in der Lehrer/-innenbildung* in NRW (digiLL_NRW)

Das Portal digiLL_NRW vernetzt digitale Lehr- und Lernangebote hochschul- und lernortübergreifend für Lehramtsstudierende, Lehrende im Vorbereitungsdienst und ausgebildete Lehrende. Das Verbundprojekt reagiert auf eine von vielen Herausforderungen im Bildungsbereich, die durch die Digitalisierung unserer Lebenswelt entstanden sind: die digitalisierungsbezogenen Kompetenzen von (angehenden) Lehrkräften zu stärken. Der Beitrag soll einen Einblick in den Entstehungsprozess und die Idee hinter dem Projekt bieten. Zudem werden die Erstellung der Lernmodule sowie die Organisation der Zusammenarbeit innerhalb des Verbundes erläutert.

1. Was ist digiLL_NRW?

Der *Universitätsverbund für digitales Lehren und Lernen in der Lehrer/-innenbildung* in Nordrhein-Westfalen (digiLL_NRW) ist eine gemeinsame Initiative der Zentren für Lehrerbildung beziehungsweise Professional Schools of Education der Universitäten Bochum, Dortmund, Duisburg-Essen, Münster und Köln. Ziele dieses Universitätsverbundes sind der Auf- und Ausbau eines Netzwerks zur Stärkung der digitalen Lehre in der Lehrerbildung und die Förderung digitalisierungsbezogener Kompetenzen von Dozierenden, Lehramtsstudierenden, Lehrenden im Vorbereitungsdienst und ausgebildeten Lehrerinnen und Lehrern. Dies soll u.a. durch die Entwicklung und Bereitstellung von Lernmodulen als Open Educational Resources (OER) zu den Oberthemen Medienkompetenz und -didaktik sowie zu digitalen, fachdidaktischen Kompetenzen in der Lehrerbildung erreicht werden.

2. Wie ist digiLL_NRW entstanden?

Die Idee zum Universitätsverbund entstand im November 2016 im Rahmen eines Arbeitstreffens der Geschäftsführungen der beteiligten Zentren und deren Beauftragten für den Bereich digitales Lehren und Lernen in der Lehrerbildung anlässlich der zu diesem Zeitpunkt bundesweit stark in den Fokus getretenen Diskussion zur Digitalisierung in der Lehrerbildung sowie den damit einhergehenden vielfältigen Entwicklungen und Maßnahmen. Insbesondere die Strategie „Bildung in der digitalen Welt“ der Kultusministerkonferenz (KMK) machte den Bedarf eines Ausbaus der digitalen Lehre im Bildungsbereich deutlich (vgl. KMK 2016). Darin wird u.a. auf die notwendige Kompetenz von Lehrkräften verwiesen, digitale Lernumgebungen professionell und didaktisch sinnvoll in ihrem jeweiligen Fachunterricht zu nutzen. Es stand die Frage im Raum, wie die beteiligten Zentren gemeinsam auf die aktuellen Entwicklungen und Bedarfe reagieren und diese sinnvoll unterstützen und fördern können. Das Ergebnis war die Idee zur Bereitstellung frei zugänglicher Lernmodule zu allgemeinen und fachspezifischen digitalisierungsbezogenen Kompetenzen, die von Lehrenden für Lehrende aller Phasen der Lehrerinnenbildung als Ideenpool bzw. als Good-Practice-Beispiele erstellt und von allen für die eigene Lehre genutzt werden können. Bereits im September 2017 wurde die gemeinsame Portalseite[1] im Rahmen einer Kick-Off-Veranstaltung auf der Diggi17-Tagung in Köln mit zunächst vier Lernmodulen zur allgemeinen Nutzung freigeschaltet.

Eine Besonderheit des Universitätsverbundes ist, dass er bis zum heutigen Tag ohne externe Fördergelder aufgebaut wurde. Es ist das erklärte Ziel der beteiligten Standorte, das Projekt nicht von temporären Finanzierungen abhängig zu machen, sondern die Bereitstellung und den Ausbau des Angebots mit den vorhandenen Ressourcen der jeweiligen Standorte zu ermöglichen und die Produktion der Lernmodule in das Tagesgeschäft zu integrieren. Dies stellt eine große Herausforderung dar und macht das Projekt stark von der intrinsischen

1 https://www.digill.nrw

Motivation der Beteiligten abhängig. Zudem müssen Zeitressourcen geschaffen werden, um eine Umsetzung zu ermöglichen. Jeder der Standorte nutzt bei der Konzeption und Umsetzung der Lernmodule die jeweils vorhandene technische Infrastruktur (LMS Moodle oder ILIAS). Bei der Themenfindung und der inhaltlichen Ausgestaltung der Lernmodule wird außerdem besonders darauf geachtet, die standortspezifischen Expertisen zu nutzen und die Lernmodule gemeinsam mit Expertinnen und Experten, z.B. Dozierenden aus den Fachdidaktiken der jeweiligen Universitäten, zu erstellen.

3. Wo sind die Lernmodule zu finden?

Abb. 1: Screenshot Portal digiLL_NRW (www.digill.nrw)

Die Portalseite des Universitätsverbundes bietet nicht nur die Möglichkeit, von einem zentralen Ort aus auf die Lernmodule zuzugreifen, sondern zudem auch eine gezielte Suche nach individuell relevanten Themen und Schlagwörtern, um somit eine bessere Auffindbarkeit der Lernmodule zu gewährleisten. Zur besseren Übersicht werden alle Lernmodule mit einer kurzen Inhaltsbeschreibung sowie Angaben zur Themenzugehörigkeit und zur voraussichtlichen Bearbeitungszeit versehen. Zukünftig werden auch Verweise auf ähnliche oder aufbauende weitere Angebote, die Verortung der Lerninhalte innerhalb der Lernmodule in Bezug auf u.a. den Medienkompetenzrahmen für Schülerinnen und Schüler in NRW und weitere Kompetenzmodelle hinzugefügt. Das Portal wird in den kommenden

Monaten sukzessive um einen Bereich *Aktuelle Informationen zum Universitätsverbund* und eine kommentierte Linkliste mit Verweisen auf weitere Angebote im Netz zum Themenbereich *Digitales Lehren und Lernen in der Lehrer/-innenbildung* ergänzt.

4. Wie ist der aktuelle Stand von digiLL_NRW?

Da sich die beteiligten Standorte von Beginn an dazu entschieden haben, die Arbeit im Verbund als *work in progress* anzusehen, werden die Lernmodule und die Portalseite stetig, insbesondere auf Basis von Feedback der Nutzerinnen und Nutzer aus zahlreichen Workshops zur Vorstellung von digiLL_NRW, erweitert und angepasst. Zurzeit stehen neun Lernmodule zur freien Verfügung, weitere sechs stehen kurz vor der Fertigstellung und weitere acht Lernmodule befinden sich in Planung.
Aktuell sind folgende Lernmodule verfügbar:

- Mobile Learning in der Schule
- Sprachsensibler Chemieunterricht mit Tablets
- Lehrvideos erstellen
- Nutzung interaktiver Whiteboards
- Lehr-Lernprozesse mit digitalen Medien
- Geomedien – Digitales Mapping und Spatial Citizenship als Lerngelegenheit und Kompetenz
- Vielfalt digitaler Lernmaterialien
- Kriterien zur Bewertung von digitalen Lernmaterialien
- Erstellung von digitalen Lernmaterialien

Um allen Lehrenden ein möglichst breites Angebot bieten zu können, lädt der Universitätsverbund alle Hochschulen in NRW, aber auch im gesamten Bundesgebiet dazu ein, sich an dem Universitätsverbund zu beteiligen und ihre unterschiedlichen thematischen und methodischen Schwerpunkte einzubringen. Ein Einstieg weiterer Kooperationspartnerinnen und -partner in den Universitätsverbund ist jederzeit möglich und soll dazu beitragen, das bestehende Netzwerk und Angebot weiter auszubauen. Dies bedeutet aber nicht, dass jede Hochschule direkt in die Produktion von Lernmodulen einsteigen muss, sondern sich beispielsweise auch an der Qualitätssicherung bestehender Lernmodule oder der Weiterentwicklung der Materialien beteiligen kann. Neben einer kollegialen Zusammenarbeit können neue Mitglieder des Universitätsverbundes zudem von folgenden Materialien und Leistungen profitieren:

- eine datenschutzkonforme Portalseite zur Einbindung und Bereitstellung der Lernmodule
- Visitenkarten, Postkarten, Poster und Rollups für Werbung auf Tagungen und Kongressen
- Broschüre für neue Mitglieder
- Prozesse zur Einstellung neuer Lernmodule, zur Qualitätssicherung oder zur Öffentlichkeitsarbeit

Für den Beitritt neuer Standorte zum Universitätsverbund wurde ein *Memorandum of Understanding* angelegt. Es wurde bewusst kein Kooperationsvertrag aufgesetzt, um die offene und kollegiale Arbeitsweise im Verbund zu betonen und Freiraum für alle Verbundpartnerinnen und -partner zu schaffen, sich im Rahmen der Möglichkeiten ihres Standortes zu beteiligen.

5. Wie sind die Lernmodule umgesetzt?

Für die Umsetzung der Lernmodule an den beteiligten Standorten wurden in gemeinsamer Arbeit einheitliche Standards formuliert, die für alle Verbundpartnerinnen und -partner verbindlich sind. Zwei Hauptaspekte sind hierbei die Gewährleistung der freien Zugänglichkeit der Lernmodule ohne eine Anmeldepflicht und deren Bereitstellung als Open Educational Resources unter einer freien Creative-Commons-Lizenz. Dabei sollte mindestens CC BY-SA gewählt werden, um eine plattformunabhängige Nutzung und Weiterentwicklung der Inhalte zu ermöglichen.
Des Weiteren soll die Bearbeitungszeit der Lernmodule den Richtwert von 45 Minuten nicht deutlich überschreiten und es sollen die Grundsätze der Barrierefreiheit beachtet werden. Um einen Wiedererkennungswert innerhalb der Lernmodule sowohl auf grafischer als auch auf konzeptioneller Ebene bei den Lehrenden zu erzeugen, haben sich die beteiligten Universitäten auf gemeinsame Prinzipien zur Produktion der Lernmodule und ein einheitliches Rahmendesign

verständigt. Neuen Kooperationspartnerinnen und -partnern wird auf der Portalseite ein Lernmodul-Starter-Kit zur Verfügung gestellt, welches die Umsetzung eines Lernmoduls an dem jeweiligen Standort erleichtern soll.
Das Lernmodul-Starter-Kit enthält:

- einen ausgearbeiteten Styleguide und Bereitstellung aller in den Lernmodulen genutzten Grafiken
- Vorlagenseiten für die Erstellung eigener Lernmodule
- Beispiele zur Gestaltung eigener Lernmodule
- Checklisten zur technischen und inhaltlichen Qualitätssicherung der Lernmodule
- Hintergrundinformationen zur E-Learning-Didaktik

Besonderen Wert legt der Universitätsverbund auf die Qualitätssicherung der Lernmodule. Für jedes Lernmodul findet an jedem Standort eine Evaluation in Fokusgruppen (vgl. Schulz/Mack/Renn 2012) statt, deren Ergebnisse bei der weiteren Arbeit an dem Lernmodul berücksichtigt werden.

6. Welche Prinzipien werden bei der Erstellung der Lernmodule angewendet?

Didaktisch gut konzipierte Lernmodule stellen einen Unterschied und Mehrwert u.a. zum Lernskript dar. Funktionen und Prinzipien für die Schaffung eines für die Lernenden angenehmen, informativen, kurzweiligen und nachhaltigen Lernangebots sollen im Folgenden vorgestellt werden.
Prinzipien, die bei der Entwicklung der Lernmodule berücksichtigt werden:

- Übersichtlichkeit/Benutzerfreundlichkeit
- inhaltliche Korrektheit/Verständlichkeit/angemessener Komplexitätsgrad
- anwendungsorientierte Darstellung/Einsatzfähigkeit im Unterricht
- ansprechende, abwechslungsreiche Darstellung
- Interaktivität/Einbezug der Lernenden

6.1 Übersichtlichkeit und Benutzerfreundlichkeit

Übersichtlichkeit wird zum einen durch ein aufgeräumtes Rahmendesign und eine übersichtliche Navigation geschaffen. Die Lernmodule verfügen über einen identischen Grundaufbau. Dazu gehören u.a. die Startseite, die Lernzielseite und ein Einstieg. Dieser soll für das Thema sensibilisieren und kann auf unterschiedlichen Wegen erfolgen: in Form eines Begrüßungstextes oder -videos, in Form von Fragen oder einem provozierenden Bild oder Satz.

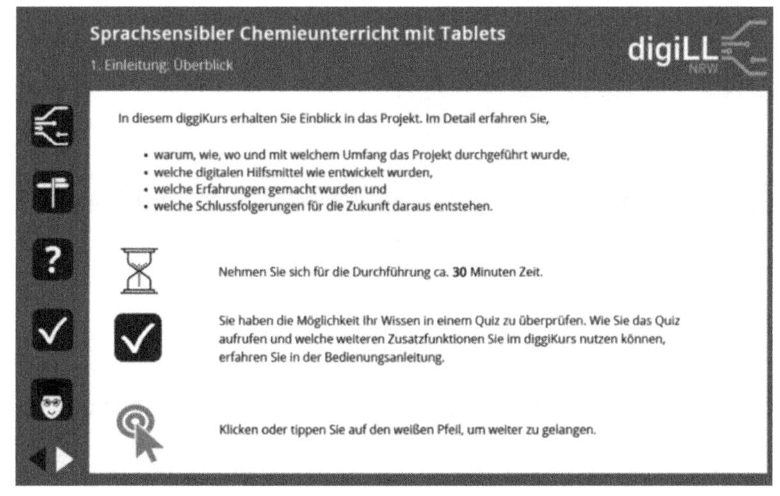

Abb. 2: Screenshot aus einem Lernmodul: Lernzielabfrage und Weiterleitung zu den weiteren Lernmodulen des Kurses

Im Anschluss daran werden die Inhalte aufsteigend nach dem Schwierigkeitsniveau oder der zeitlichen Reihenfolge bearbeitet, beispielsweise werden zu Beginn Grundlagen gelegt oder Begriffe geklärt. Am Ende des Lernmoduls werden die Lernziele in Form einer Lernzielkontrolle wiederholt.

Übersichtlichkeit wird zudem über die Textlänge und -formatierung sowie über die Strukturierung der Inhalte anhand von Kategorien, durch Tabellen oder eine bebilderte schematische Darstellung geschaffen.

Die Lernmodule verfügen über unterschiedliche Navigationsmöglichkeiten.

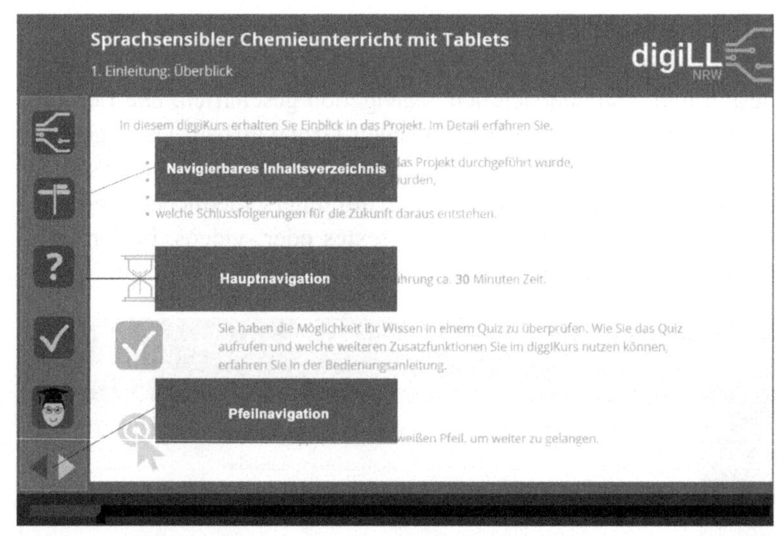

Abb. 3: Navigationselemente der Lernmodule

Dazu zählen

- eine *Hauptnavigation* mit übergeordneten Funktionen, wie dem Sprung zu einer Sammlung weiterer Lernmodule, einem navigierbaren Inhaltsverzeichnis, einem Quiz, einer Bedienungsanleitung oder einem Nerd-Icon mit vertiefenden Informationen zu ausgewählten Themen,
- eine *Pfeilnavigation* zur Steuerung durch das Lernmodul in einer linearen Reihenfolge,
- ein *navigierbares Inhaltsverzeichnis* mit direkter Verlinkung zu speziellen Seiten.

Jede Möglichkeit zur Interaktion ist in Form einer grafischen Klickanweisung gekennzeichnet. Im Sinne des angeleiteten Lernens (guided learning) wird in den vorliegenden Lernmodulen auf vollkommen freie Explorationsmöglichkeiten verzichtet. Diese würden viele Lernende überfordern und haben sich in vielen Untersuchungen als weniger lernwirksam herausgestellt (vgl. Mayer 2004).

6.2 Inhaltliche Korrektheit/Verständlichkeit/ angemessener Komplexitätsgrad

Bei der Konzeption eines Lernmoduls steht zunächst der Inhalt im Vordergrund. Neben der inhaltlichen Korrektheit und zielgruppenspezifischen Schwerpunktsetzung ist es wichtig, dass die Texte verständlich, konkret und anschaulich geschrieben sind: Dies bedeutet, dass kurze und einfache Sätze verwendet und Fremdwörter und Fachausdrücke erklärt werden.

Neben dieser Einfachheit als Verständlichkeitsmerkmal sollten die Texte personalisiert sein, beispielsweise durch eine persönliche Ansprache statt in der dritten Person verfasste Formulierungen. Dieses sogenannte Personalisierungsprinzip besagt, dass umgangssprachliche Formulierungen im Vergleich zu formalen Ausdrücken für Texte in multimedialen Präsentationen zu besseren Lernleistungen führen (vgl. Robinson 2004).

Des Weiteren ist eine gute Gliederung des Textes wichtig für einen nachhaltigen Lernerfolg. Dieses Verständlichkeitsmerkmal bezieht sich auf die innere Ordnung und äußere Gliederung des Textes:

- Innere Ordnung: Informationen werden in einer sinnvollen und nachvollziehbaren Reihenfolge präsentiert. Der ‚rote Faden' ist für den Lernenden zudem deutlich zu erkennen.
- Äußere Gliederung: Der Text wird durch Überschriften, Vorbemerkungen, Marginalien (Randbemerkungen), einem abschließenden Fazit bzw. einer Zusammenfassung und/oder Ähnlichem übersichtlich gruppiert (vgl. auch Garner/Brown/Sanders/ Menke 1992; Robinson 2004).

6.3 Anwendungsorientierte Darstellung

Ein Lerninhalt wird konkreter und nachhaltiger, wenn der Bezug zur aktuellen Tätigkeit offensichtlich ist. Deshalb enthalten die Lernmodule Anwendungsmöglichkeiten, wie z.B. konkrete Einsatzmöglichkeiten in der Schule oder Glossare mit den wichtigsten Begriffen zum schnellen Nachschlagen eines Themas.

6.4 Ansprechende, abwechslungsreiche Darstellung

Bei der Darstellung der Inhalte wird auf unterschiedlich gestaltete Seiten geachtet: Text/Bild, großformatiges Bild mit integrierter Textbox oder Tabellen. In diesem Zusammenhang wird häufig der sogenannte Bildüberlegenheitseffekt genannt (vgl. Carney/Levin 2002). Der Effekt besagt, dass Bilder im Vergleich zu Texten einen Behaltensvorteil bieten. Neben Schmuckgrafiken, die den Inhalt grafisch untermalen, sorgen Grafiken, die einen inhaltlichen Mehrwert bieten, für ein nachhaltiges Lernen.

Neben der Integration von Bildern ist bei der Erstellung der Lernmodule zudem ein Medienmix sinnvoll, indem Videos in unterschiedlichen Formen, Screencasts, Animationen, Simulationen, Podcasts, Umfragen, Quizfragen o.ä. in das Lernmodul integriert werden.

6.5 Interaktivität

Um den Lernenden ein angenehmes, informatives, kurzweiliges und nachhaltiges Erarbeiten der Inhalte zu ermöglichen, wird eine hohe Interaktivität angestrebt.

Als interaktiv werden Lernmaterialien bezeichnet, wenn sie den Lernenden verschiedene Eingriffs- und Steuerungsmöglichkeiten erlauben (vgl. Schaumburg/Issing 2004).

Interaktive Elemente werden beispielsweise in Form von Mouseovern und -clicks, bereitgestellten vertiefenden Informationen per Verlinkung, Umfragen und Aufgabentypen zur Inhaltsvermittlung oder als Wissensabfrage innerhalb des Lernmoduls oder am Ende als Quiz eingesetzt. Als Aufgabentypen werden Multiple-Choice-Fragen, Single-Choice-Fragen, Lückentextaufgaben, Drag-and-Drop-Aufgaben und Zuordnungsaufgaben angeboten.

7. Wie wird innerhalb des Universitätsverbundes zusammengearbeitet?

Durch den Grundsatz, alle erstellten Materialien und Lernmodule als offene Bildungsressourcen unter freier Lizenz zu veröffentlichen, wurde auch die Art der Zusammenarbeit innerhalb des Universitätsverbundes geprägt. Bei OER werden Materialien verwahrt, verwendet, verarbeitet, vermischt und wieder verbreitet. Im Univer-

sitätsverbund digiLL wird nach diesen Prinzipien gearbeitet; die Verbundpartner profitieren gegenseitig von ihren Ideen und Ressourcen. Jeder Standort bringt sich mit seinen eigenen Möglichkeiten und Expertisen in das Projekt ein. Ideen und Vorschläge zur Weiterentwicklung werden offen geteilt, diskutiert und niederschwellig beschlossen und umgesetzt. Die Ergebnisse dieses Prozesses werden allen Interessierten über digiLL_NRW zur Verfügung gestellt.
Die Anwendung des OER-Prinzips lässt sich auch auf die Art der Arbeit im Verbund übertragen. Dies führt zu einer neuen, anderen Art der universitären Kooperation, die sich durch

- Selbstorganisation,
- Eigenverantwortung des Teams,
- Autonomie- und Entscheidungsspielräume der Mitwirkenden,
- Förderung von Austausch und Kommunikation,
- mobiles Arbeiten,
- Auflösung von Präsenzkultur,
- Beweglichkeit und Anpassungsfähigkeit des Projekts,
- wechselnde Teams,
- eine demokratische Ausrichtung und
- das Aufbrechen von Wissenssilos (vgl. Brägelmann 2018) und den Aufbau kollektiven Wissens
  auszeichnet.

Diese offene Arbeitsweise hat digiLL_NRW nicht nur geprägt, sondern bildet den Kern der Zusammenarbeit im gesamten Projekt. Die Öffnung des Verbundes für die Aufnahme weiterer Universitäten ist ein logischer Folgeschritt dieser Art der Zusammenarbeit und bietet die Möglichkeit, zunächst landes- und perspektivisch auch bundesweit eine bislang leider noch viel zu selten anzutreffende Form der Kooperation und des kollegialen Austausches voranzutreiben.

Literatur

Brägelmann, Tom (2018): Kommentar: Warum Wissens-Silos der Digitalisierung schaden. Online unter: https://www.legal-tech.de/kommentar-warum-wissens-silos-der-digitalisierung-schaden. [Zugriff 08.02.2019].

Carney, Rusell N./Levin, Joel R. (2002): Picturial illustrations still improve students' learning from text. In: Educational Psychology Review, 14, 5–26.

Garner, Ruth/Brown, Rachel/Sanders, Sylvia/Menke, Deborah J. (1992): „Seductive details" and learning from text. In: Renninger, K. Ann/Hidi, Suzanne/Krapp, Andreas (Hrsg.): The role of interest in learning and development. Hillsdale, NJ, 239–254.

Kultusministerkonferenz (KMK) (2016). Bildung in der digitalen Welt. Strategie der Kultusministerkonferenz. Online unter: https://www.kmk.org/fileadmin/Dateien/veroeffentlichungen_beschluesse/2016/2016_12_08-Bildung-in-der-digitalen-Welt.pdf. [Zugriff 20.03.2018].

Mayer, Richard E. (2004): Should There Be a Three-Strikes Rule Against Pure Discovery Learning? In: American Psychologist, 59(1), 14–19.

Robinson, William R. (2004): Cognitive theory and the design of multimedia instruction. In: Journal of Chemical Education, 81, 10–13.

Schaumburg, Heike/Issing, Ludwig J. (2004): Interaktives Lernen mit Multimedia. In: Mangold, Roland/Vorderer, Peter (Hrsg.): Lehrbuch der Medienpsychologie. 717–742.

Schulz, Marlen/Mack, Birgit/Renn, Ortwin (2012): Fokusgruppen in der empirischen Sozialwissenschaft. Stuttgart.

Kristine Trenkenschu & Sandra Winheller

Projektseminar zum Erwerb des Zertifikats *meko:bus – Medienkompetenz in Bildung und Schule*

An der Universität Bielefeld wird das studienbegleitende Projektseminar ‚meko:bus – Medienkompetenz in Bildung und Schule' für Lehramtsstudierende angeboten. Im nachfolgenden Beitrag wird das Seminarkonzept und ein studentisches Best-Practice-Beispiel, in dem die Zertifikatsinhalte umgesetzt wurden, vorgestellt. Abschließend wird ein Blick auf die mögliche Zukunft von meko:bus geworfen und Chancen für die Weiterentwicklung des Angebots benannt.

1. Einleitung – Was ist meko:bus?

Ein Leben in der digitalen Welt wird zunehmend relevanter. Für Schulen und Lehrkräfte stellt sich hier die Bildungsaufgabe, Schülerinnen und Schüler darauf entsprechend vorzubereiten (vgl. Kultusministerkonferenz 2016). Möglichkeiten und Räume müssen hierzu eröffnet werden, um verschiedenste Kompetenzen zu fördern, damit Antizipation und Partizipation stattfinden können. Im Referendariat muss zudem seit 2016 einer der zehn Unterrichtsbesuche „in besonderer Weise Fragen der Medienkompetenz und des lernfördernden Einsatzes von modernen Informations- und Kommunikationstechniken ein[beziehen]" (Ministerium des Innern des Landes Nordrhein-Westfalen 2011, OVP §11 Absatz 3). Um Lehramtsstudierende auf diese Aufgaben vorzubereiten, wird an der Universität Bielefeld jedes Semester der studienbegleitende Erwerb des Medienkompetenz-Zertifikates *meko:bus – Medienkompetenz in Bildung und Schule* angeboten. Ziele sind die Vermittlung von Kenntnissen und Fähigkeiten für die Gestaltung und den didaktischen Einsatz von Medien in schulischen Lehr-Lernsettings.

meko:bus ist als Blended-Learning-Veranstaltung mit wenigen verpflichtenden Präsenzveranstaltungen konzipiert, welche durch ein freiwilliges Workshop-Angebot und einen kursbegleitenden Online-

Kursraum ergänzt werden. Durch dieses Konzept ist es möglich, me-ko:bus vor oder auch während der Praxisstudien des Lehramtsstudiums zu besuchen und sich wichtige Kompetenzen im Umgang mit und dem Einsatz von Medien anzueignen.
Das Projektseminar ist ein Kooperationsprojekt der Bielefeld School of Education (BiSEd) und dem Zentrum für Lehren und Lernen (ZLL) und besteht seit 2006.

2. Theoretischer Hintergrund/Rahmenbedingungen/Kontext

Die methodische und didaktische Gestaltung von Lernsettings bedarf der sogenannten Medienkompetenz, die im Sinne von Baacke (1996) die Fähigkeit darstellt, alle Arten von Medien für das menschliche Kommunikations- und Handlungsrepertoire in aktiv aneignender Weise einzusetzen. Diesbezüglich rückt der kreative sowie kritisch-reflexive Gebrauch der Medien stark in den Mittelpunkt, was durch den Zertifikatskurs gefördert werden soll. Den theoretischen Ausgangspunkt stellt hierbei das Medienkompetenz-Modell nach Baacke (1997) dar, das in seinen Grundzügen der Vermittlungsdimension (Medienkritik/Medienkunde) und der Zielorientierung (Mediennutzung/Mediengestaltung) in den letzten 20 Jahren in unterschiedlichste Bildungskontexte und bildungspolitische Überlegungen Eingang gefunden hat.
Von Bedeutung sind diesbezüglich das 2016 veröffentlichte Strategiepapier der Kultusministerkonferenz Bildung in der digitalen Welt sowie der *Medienkompetenzrahmen NRW* von 2018.

Abb. 1: Medienkompetenzrahmen NRW
(vgl. Medienberatung NRW 2018)

Durch den *Medienkompetenzrahmen NRW* werden Bildungsstandards benannt, die systematisch in einem Kompetenzmodell mit sechs übergeordneten Kompetenzbereichen (vgl. Abb. 1) und insgesamt 24 Teilkompetenzen zusammengefasst sind. Diese werden im Zertifikatskurs inhaltlich abgedeckt und durch spezifische Aufgabenstellungen thematisiert sowie durch Projektarbeit (vgl. Baacke 1999) von den teilnehmenden Studierenden vertieft. Als zentrales Instrument dient der Kompetenzrahmen der systematischen Medienkompetenzvermittlung von Schülerinnen und Schülern und richtet sich in erster Linie an Schulen und Lehrkräfte. Da bislang ein Medienkompetenzrahmen speziell für Lehrkräfte fehlt, richtet sich das Projektseminar an dem Bestehenden aus und verbindet dieses Instrument mit dem konstruktivistischen Lehr-Lernansatz des Experience-Based-Learning (EBL) (vgl. Kolb 1984) und erweitert dies um die Perspektive des ‚Teachings' – hin zum Experience-Based-Teaching – frei nach dem Motto: ‚Du kannst nur das vermitteln, was du selber ausprobiert hast'.

3. Konzept, Aufbau und Inhalte des Zertifikatskurses

3.1 Konzept

Der Zertifikatskurs ist als Blended-Learning-Veranstaltung mit drei verpflichtenden Präsenzterminen konzipiert, die jeweils zum Sommer- und Wintersemester eines jeden Jahres angeboten wird. Zu den verpflichtenden Terminen gibt es ein ergänzendes freiwilliges Workshop-Angebot mit insgesamt 11 weiteren Terminen. Der Blended-Learning-Anteil wird durch den LernraumPlus (Moodle) unterstützt und enthält umfangreiche Lehrmaterialien, die die Studierenden in Selbstlernphasen durcharbeiten können. Zum Erwerb des Zertifikats gilt es, ein eigenes Online-Projekt in Form z.B. einer Webseite, eines Lerntagebuch-Blogs oder eines eigenen Moodle-Kursraums zu erstellen. Die Aufgabenwahl und das somit verbundene Projekt erfolgen nach Interesse und Einschätzung der eigenen Medienkompetenz. Das projektbasierte Arbeiten wird durch eine tutorielle Betreuung ergänzt und unterstützt bei der Erarbeitung und Erstellung des individuellen Projekts. In der Regel findet diese zu den Sprechstundenzeiten, während der Workshops oder per E-Mail statt.

3.2 Aufbau

Am Anfang steht eine Einführung in die Kursinhalte und die Erörterung wichtiger rechtlicher Aspekte in zwei verpflichtenden Präsenzveranstaltungen. Die Studierenden werden über den Kursaufbau sowie die Anforderungen für den Erwerb des Zertifikats informiert und erhalten einen Überblick über alle Kursinhalte und die Wahlmöglichkeiten hinsichtlich des Projekts und der weiteren Aufgaben. Zudem erhalten sie eine Einführung in das Thema *Medien & Recht*, in der die Grundlagen des Urheberrechtsgesetzes erläutert werden und das Lizenzmodell der Creative Commons vorgestellt sowie auf verschiedene Möglichkeiten der Materialbeschaffung (Bilder, Videos etc.) hingewiesen wird. Daran schließt sich die Bearbeitung der Aufgaben aus den einzelnen Modulen an, die über den LernraumPlus bereitgestellt werden. Im LernraumPlus werden den Studierenden außerdem ausführliche, multimediale Lehrmaterialien zur Verfügung gestellt, die sie bei der Bearbeitung der Aufgaben unterstützen sollen. Bei Bedarf kann außerdem das freiwillige Workshop-Angebot wahrgenommen werden, welches zum einen als Unterstützung bei der Einarbeitung in verschiedene Software-Lösungen dient und zum anderen Input zu verschiedenen Themen wie *Digitales Lernen & Inklusion* oder *Tablet-Einsatz in der Schule* liefert.

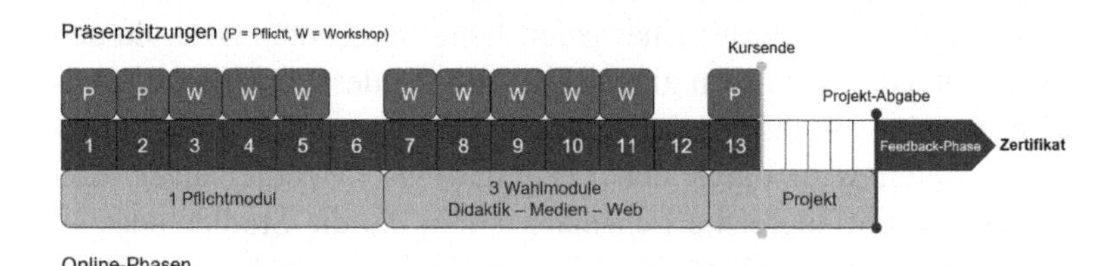

Abb. 2: Konzeptionell-inhaltlicher und zeitlicher Überblick des Zertifikatskurses meko:bus

3.3 Inhalte

Der *Medienkompetenzrahmen NRW* (2018) stellt den Bezugsrahmen für die im Zertifikatskurs zu vermittelnden Inhalte. Die hier formulierten sechs Schwerpunkte werden durch Themen und spezifische Aufgabenstellungen aufgegriffen und im Pflichtmodul und in den Wahlmodulen thematisiert sowie auf unterschiedlichste Art und Weise von den Studierenden behandelt:

So wird z.B. der Bereich 5. *Analysieren und Reflektieren* durch die Arbeit am eigenen Projekt abgedeckt (vgl. Abb. 3).

1. BEDIENEN UND ANWENDEN	2. INFORMIEREN UND RECHERCHIEREN	3. KOMMUNIZIEREN UND KOOPERIEREN	4. PRODUZIEREN UND PRÄSENTIEREN	5. ANALYSIEREN UND REFLEKTIEREN	6. PROBLEMLÖSEN UND MODELLIEREN
1.1 Medienausstattung (Hardware)	**2.1 Informationsrecherche**	**3.1 Kommunikations- und Kooperationsprozesse**	**4.1 Medienproduktion und Präsentation**	**5.1 Medienanalyse**	**6.1 Prinzipien der digitalen Welt**
Erstellung & Erarbeitung digitaler Medien an den eigenen Geräten Workshop „Tablets in der Schule“	Pflichtmodul: Themenfindung und Literatursichtung für das eigene Online-Projekt	Pflichtmodul: Austausch und Diskussion im Peer-Support-Forum im Moodle-Kursraum	Konzeption und Gestaltung des eigenen Online-Projekts Schwerpunkt im Wahlmodul „Medien“	bei der eigenen Projektarbeit und in den Workshops	bei der eigenen Projektarbeit und in den Workshops
1.2 Digitale Werkzeuge	**2.2 Informationsauswertung**	**3.2 Kommunikations- und Kooperationsregeln**	**4.2 Gestaltungsmittel**	**5.2 Meinungsbildung**	**6.2 Algorithmen erkennen**
Wahlmodul „Web“: Webtools Wahlmodul „Didaktik“: „Interaktive Übungen“ mit LearningSnacks & LearningApps	Pflicht- & Wahlmodule: Auswahl der Literatur und Inhalte für das Online-Projekt und die digitalen Medienprojekte (z.B. Videos)	Austausch und Diskussion im Peer-Support-Forum ggf. Kommunikationsregeln für Online-Projekte aufstellen	theoretische und praktische Auseinandersetzung mit Gestaltungsprinzipien & Usabilityrichtlinien (z.B. in Workshops)	s. oben	
1.3 Datenorganisation	**2.3 Informationsbewertung**	**3.3 Kommunikation und Kooperation in der Gesellschaft**	**4.3 Quellendokumentation**	**5.3 Identitätsbildung**	**6.3 Modellieren und Programmieren**
Test im Pflichtmodul: „Datensicherheit, Datenschutz & DSGVO“ Datenorganisation bei der eigenen Projektarbeit		Austausch und Diskussion im Peer-Support-Forum	Pflichtmodul: Veranstaltung und Test zu „Medien & Recht“ verpflichtende Quellenangaben für alle verwendeten Medien und selbst erstellten Produkte	s. oben	
1.4 Datenschutz und Informationssicherheit	**2.4 Informationskritik**	**3.4 Cybergewalt und -kriminalität**	**4.4 Rechtliche Grundlagen**	**5.4 Selbstregulierte Mediennutzung**	**6.4 Bedeutung von Algorithmen**
Test im Pflichtmodul: „Datensicherheit, Datenschutz & DSGVO“ Workshop: „Datenschutz & DSGVO“	Wahlmodul „Web“: „Social Media“ → Recherche und Diskussion zu aktuellen Themen wie z.B. Hate Speech, Fake News Wahlmodul „Didaktik“: „Unterrichtsplanung“	Wahlmodul „Web“: „Social Media“ → Recherche und Diskussion zu aktuellen Themen wie z.B. Hate Speech, Fake News	Pflichtmodul: Veranstaltung und Test zu „Medien & Recht“ und „Datenschutz & DSGVO“	s. oben	

Abb. 3: Thematische und inhaltliche Modulzuordnung zum Medienkompetenzrahmen NRW (vgl. Medienberatung NRW 2018)

Zum Pflichtmodul gehören zum einen die didaktische Planung des (Online-) Projekts und zum anderen die ersten Umsetzungsschritte der Projektkonzeption. Rechtliche Aspekte wie *Urheberrecht* und *Datenschutz* sind zwei weitere Themen, die zudem durch kurze Online-Tests überprüft werden, welche im Online-Kursraum verpflichtend durchgeführt werden müssen (vgl. Abb. 3 Kompetenzbereich *1. Bedienen und Anwenden* hier z.B. Teilkompetenz *1.4 Datenschutz und Informationssicherheit*). In diesem Modul ist außerdem das Peer-Support-Forum angesiedelt, in dem sich die Studierenden untereinander austauschen und Hilfestellung geben können (vgl. z.B. Bereich 3.1 im *Medienkompetenzrahmen NRW*). Hier haben sie auch die Möglichkeit über aktuelle Themen rund um Medien und Schule zu diskutieren und ihre persönlichen Erfahrungen auszutauschen. Ziel des Moduls ist, eine Grundlage für die weitere Arbeit am eigenen Projekt zu legen, welches die Studierenden im Verlauf des Semesters ausarbeiten.
Aus den drei Wahlmodulen Didaktik – Medien – Web (vgl. Abb. 2) können sich die Studierenden die Aufgaben frei auswählen. Das Wahlmodul *Didaktik* fokussiert im Einzelnen die Aspekte Unterrichtsplanung, interaktive Übungen und die Lehr-Lernplattform Moodle. Bezogen auf den Medienkompetenzrahmen wird hier z.B. im Bereich 1. *Bedienen und Anwenden* die Teilkompetenz *1.2 Digitale Werkzeuge* durch die Aufgabe *Interaktive Übungen* thematisiert (vgl. Abb. 3). Im Wahlmodul *Medien* stehen die Bild-, Audio- und Videobearbeitung im Fokus, wodurch der gesamte Kompetenzbereich *4. Produzieren und Präsentieren* als zu bearbeitendes Lernfeld zur Verfügung gestellt wird. Im Wahlmodul *Web* wird das World-Wide-Web behandelt und beschäftigt sich mit Webseiten, Blogs, Social Media sowie Webtools.
Die Aufgaben in den Wahlmodulen liegen in zwei Varianten bzw. Schwierigkeitsgraden vor: Basis-Aufgaben und erweiterte Aufgaben. Mit der Basis-Variante sollen in erster Linie grundlegende Kenntnisse und Fähigkeiten aufgebaut und angewendet werden. Es geht also um erste, einfache Schritte bei der Gestaltung der Medienprodukte. In der erweiterten Aufgaben-Variante sollen die Studierenden neben den Grundlagen auch etwas komplexere Funktionen kennen und anwenden lernen. Dabei wird neben der Erhöhung der Anzahl

von z.B. Bearbeitungsschritten und Materialien auch ein stärkeres Augenmerk auf die Qualität der Aufgabenergebnisse gelegt. Durch diese Aufteilung haben Studierende die Möglichkeit sich vertiefend mit den Aufgaben auseinanderzusetzen und auf vorhandenen Vorkenntnissen aufzubauen.

4. Studentisches Best-Practice-Projekt aus dem Zertifikatskurs

Alle Zertifikate sind grundsätzlich gleich aufgebaut und enthalten neben dem vollständigen Studierenden-Namen den Titel des Projekts sowie eine Auflistung aller absolvierten Aufgaben. Besonders gelungene Projekte werden außerdem mit einer besonderen Auszeichnung versehen (vgl. Abb. 4).

Diese Projekte werden anhand eines Kriterienkatalogs ausgewählt, welcher zuvor gemeinsam mit den Studierenden erarbeitet und ihnen anschließend zur Verfügung gestellt wurde. Im Folgenden wird eines dieser Projekte aus dem Sommersemester 2018 sowie darin eingearbeitete Aufgabenergebnisse vorgestellt.

Zertifikat

Maxi Mustermensch

hat im Sommersemester 2018 erfolgreich am Kurs

der Universität Bielefeld teilgenommen.

Im Rahmen des Kurses entstand eine Webseite zum Thema:

Autismus - Eine tiefgreifende Entwicklungsstörung besser verstehen lernen

Das erstellte Projekt wurde besonders umfangreich und harmonisch gestaltet.
Die erbrachten Leistungen waren im Rahmen von meko:bus herausragend.

Folgende Aufgaben wurden absolviert:

Abb. 4: Absolvierte Pflicht- und Wahlaufgaben für das meko:bus-Zertifikat

Die Webseite *Autismus – Eine tiefgreifende Entwicklungsstörung besser verstehen lernen* basiert auf einer Abschlussarbeit einer Studierenden und soll auf ansprechende, übersichtliche Weise über das Thema Autismus informieren (vgl. Abb. 5). Die Studierende hat ein schlichtes Design gewählt und nur mit wenigen Bildern und Grafiken gearbeitet, die die Texte visualisieren, ohne ablenkend oder überladen zu wirken. Die ausgewählten Bilder wurden stimmig bearbeitet und an passenden Stellen auf der Webseite eingefügt. Dabei hat die Studierende auf Bilder zurückgegriffen, deren Verwendung durch Creative Commons-Lizenzen klar geregelt ist und bei der Bearbeitung auf die Einhaltung der Lizenzbedingungen geachtet (vgl. Abb. 6 und 7).

5. Transfer und Ausblick

Aufgrund des Blended-Learning-Konzepts ist es möglich, meko:bus auch während der Praxisstudien zu besuchen und dabei auf das erworbene Wissen aus den verschiedenen Kursinhalten (z.B. Medienrecht, Mediendidaktik) zurückzugreifen. Außerdem können die im

Abb. 5: Startseite der Webseite zum Thema „Autismus – Eine tiefgreifende Entwicklungsstörung besser verstehen lernen“ (2018)

Abb. 6: Praktische Umsetzung der Aufgaben zu Bildbearbeitung und Urheberrecht

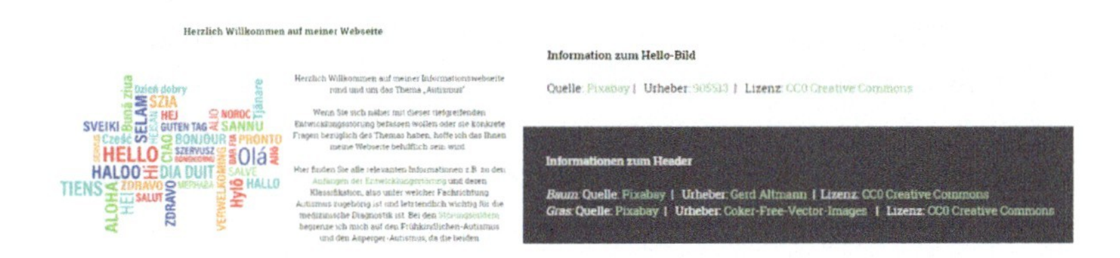

Abb. 7: Praktische Umsetzung der Aufgaben zu Bildbearbeitung und Urheberrecht

Kurs erarbeiteten Medienprodukte und Projekte während der Praxisstudien eingesetzt, erprobt und gemeinsam mit den Schülerinnen und Schülern weiterentwickelt werden. Im Kurs erhalten die Studierenden außerdem einen Einblick in verschiedene Möglichkeiten der Medienkompetenzvermittlung, welche sie in ihren Unterricht implementieren können. Die Teilnahme an meko:bus während der Praxisstudien garantiert den Studierenden auch eine aktive Begleitung und Unterstützung durch die Tutorinnen und Tutoren, so dass sie bei Fragen zum Einsatz ihrer Materialien stets Hilfe erhalten können. Die Funktionsmailadresse von meko:bus kann auch über den Kurs hinaus genutzt werden und wird von ehemaligen Teilnehmerinnen und Teilnehmern gerne für Rückfragen oder neue Impulse wahrgenommen.
meko:bus wird stets weiterentwickelt und das Workshop-Angebot sowie die Aufgabenauswahl werden an aktuelle Entwicklungen in den Bereichen *Medien und Schule* und *Kompetenzvermittlung* angepasst und um neue Inhalte ergänzt. Um besser auf die Bedürfnisse der Lehrkräfte und ihre Realität(en) an den Schulen reagieren zu können, wäre eine Reflexion sowie Rückmeldung zu den studentischen Praxiserfahrungen der meko:bus-Absolventinnen und Absolventen (z.B. im Vorbereitungsdienst) wünschenswert. Hierzu bestehen be-

reits erste Bemühungen die Studierenden dazu anzuregen, ihre Erfahrungen über die Funktionsmailadresse von meko:bus zu teilen und den Kontakt auch nach dem Studium beizubehalten. Denkbar wäre es auch, ehemalige Teilnehmerinnen und Teilnehmer zu den Workshops einzuladen, um ihnen dort die Möglichkeit zu geben, aus der Praxis zu berichten.

Nach dem aktuellen Kurskonzept arbeiten die Studierenden die Ergebnisse der Aufgaben in ihr Online-Projekt ein und laden diese im Online-Kursraum hoch. Je nach Projektwahl ist der Zugriff auf diese Ergebnisse allerdings eingeschränkt, so dass es nicht ohne weiteres möglich ist, sie anderen Interessierten (z.B. Schulleitungen, Lehrkräften) zur Verfügung zu stellen bzw. einen Einblick zu ermöglichen. Abhilfe könnte hierbei die Integration der Kursergebnisse in ein E-Portfolio-Tool wie z.B. mahara bieten, was einen Export des Portfolios in verschiedene Formate ermöglicht. Dies würde außerdem die verpflichtende Portfolioarbeit der Lehramtsstudierenden um weitere Impulse ergänzen und ihnen die Möglichkeit geben, alle Studien- und Projektarbeiten aus ihrem gesamten Studium an einem Ort zu sammeln.

Um eine noch höhere Studierendenzahl zu erreichen und angemessen betreuen zu können, wäre eine grundsätzliche Umstrukturierung des bisherigen Kurskonzepts notwendig. Dies könnte u.a. durch Kooperationen mit verschiedenen Projekten (z.B. PortaBLe, Peer Learning) und Einrichtungen der Universität Bielefeld ermöglicht werden. In der Diskussion im Anschluss des Workshops der BaSS-Tagung wurde auch die Idee aufgebracht, stärker mit den einzelnen Fachdisziplinen zu arbeiten und Inhalte von meko:bus in Seminaren und Kursen der Fakultäten anzubieten, damit ein stärkerer Austausch zum Medieneinsatz in verschiedenen Fächern zustande kommen kann. Aus der Gruppe bestand außerdem der Wunsch, die Teilnahme an meko:bus auch externen Interessierten (z.B. Lehrkräften) zu ermöglichen, da die Nachfrage nach entsprechenden Fortbildungsangeboten sehr hoch sei.[1]

1 Eine Übersicht des Workshop-Angebots sowie der Kursmodule mit darin enthaltenen Aufgaben, kann auf der Projektwebseite eingesehen werden unter: https://mekobusblog.wordpress.com/

Literatur

Baacke, Dieter (1996): Medienkompetenz: Begrifflichkeit und sozialer Wandel. In: Rein, Antje von (Hrsg.): Medienkompetenz als Schlüsselbegriff. Bad Heilbrunn, 112–124.

Baacke, Dieter (1997): Medienkompetenz. Tübingen.

Baacke, Dieter (1999): Medienkompetenz als zentrales Operationsfeld von Projekten. In: Baacke, Dieter (Hrsg.): Handbuch Medien: Medienkompetenz. Bonn, 31–35.

Kolb, David A. (1984): Experiential learning: Experience as the source of learning and development. 1st ed. Englewood Cliffs.

Kultusministerkonferenz (2016): Bildung in der digitalen Welt. Strategie der Kultusministerkonferenz. Berlin.

Medienberatung NRW (Hrsg.) (2018): Medienkompetenzrahmen NRW. 2. Aufl., Düsseldorf. https://medienkompetenzrahmen.nrw.de/fileadmin/pdf/LVR_ZMB_MKR_Broschuere_2018_08_Final.pdf, [Zugriff am 07.02.2019].

Ministerium des Innern des Landes Nordrhein-Westfalen (2011): Ordnung des Vorbereitungsdienstes und der Staatsprüfung für Lehrämter an Schulen vom 10. April 2011 (GV. NRW. S. 218), geändert durch Verordnung vom 25. April 2016 (GV. NRW. S. 216) https://recht.nrw.de/lmi/owa/br_bes_detail?sg=0&menu=1&bes_id=17404&anw_nr=2&aufgehoben=N&det_id=407532, [Zugriff am 07.02.2019].

Barbara Kranz

Begriffsvielfalt im Lehramtsstudium: Ein Didaktik-Wiki für Lehrkräfte der Allgemeinen Didaktik, Fachdidaktik und für Studierende im Lehramt

In diesem Artikel wird ein Didaktik-Wiki vorgestellt, welches an der TU Dresden initiiert wurde. Dieses Wiki soll sowohl den Erfahrungsaustausch zwischen den Lehrenden unterstützen als auch den Studierenden helfen, sich im ‚Dschungel der Begriffe' zurecht zu finden. Gleichzeitig kann es auch als Nachschlagewerk für die Erstellung von Praktikumsberichten genutzt werden. Die Weiterentwicklung eines Wikis ist nicht unproblematisch, daher erfolgt abschließend eine kritische Diskussion.

1. Funktionen des Wikis

Ein Wiki, welches aus dem Hawaiischen mit ‚schnell' übersetzt wird, ist ein einfaches, vielseitiges und kommunikatives Tool für die Arbeit. Es erlaubt einen schnellen Zugriff auf einen Wissensbestand. Gleichzeitig sind aber auch Austausch, Korrekturen und Ergänzungen auf einzelnen Seiten möglich. Im Archiv können Veränderungen auf einzelnen Seiten nachvollzogen und Eingaben rückgängig gemacht werden (vgl. Ebersbach/Glaser/Heigl/Warta 2008). Die Wiki-Technik ermöglicht es, ohne großen Aufwand Seiten zu bearbeiten, Strukturen mit zu bestimmen und neue Seiten einzufügen. Zusammengefasst lässt sich ein Wiki wie folgt definieren:

> „Ein Wiki ist eine webbasierte Software, die es allen Betrachtern einer Seite erlaubt, den Inhalt zu ändern, indem sie diese Seite online im Browser editieren. Damit ist das Wiki eine einfache und leicht zu bedienende Plattform für kooperatives Arbeiten mit Texten und Hypertexten" (Ebersbacher et al. 2008, 14).

Diese Vorteile waren Gründe dafür, dass die Mitglieder der Arbeitskreise Fachdidaktik und Schulpraktische Studien am Zentrum für

Lehrerbildung, Schul- und Berufsbildungsforschung (ZLSB) der TU Dresden den Vorschlag von Dr. Sven Hofmann (Fachdidaktik Informatik) annahmen, ein Didaktik-Wiki zu etablieren. Über dieses Wiki sollen die verschiedenen beteiligten Fachdisziplinen (Allgemeine Didaktik, Fachdidaktiken, Pädagogische Psychologie) intensiver ins Gespräch kommen und sich inhaltlich und begrifflich abstimmen. Diskussionen und Erfahrungsaustausche sollen so schneller und unkomplizierter stattfinden, ebenso sollen Arbeitsergebnisse dokumentiert werden. Gleichzeitig soll das Didaktik-Wiki aber nicht nur den Mitgliedern der Arbeitskreise und allen Lehrenden in Allgemeiner Didaktik und Fachdidaktik (1. Phase der Lehrerbildung) zur Verfügung stehen, es kann auch von den Lehrenden in der 2. und 3. Phase, Mentorinnen und Mentoren sowie den Studierenden des Lehramts genutzt werden. Diesen fällt es nicht immer leicht, den Überblick über vielfältige Begriffe und Themen der Didaktik zu behalten. Im Didaktik-Wiki können sie sich nun schnell informieren, bekommen aber auch Literaturhinweise und Links. Das Wiki kann den Studierenden ebenso bei der Erstellung von Seminararbeiten und Referaten, aber auch bei der Anfertigung von Praktikumsberichten helfen. Es ist „als ein Angebot zu betrachten, ob dieses ertragreich ist, hängt von seinem Nutzer [ab]“ (Helmke 2006, 43).

2. Entstehung und Aufbau des Wikis

Dr. Sven Hofmann (Fachdidaktik Informatik) erstellte das Didaktik-Wiki auf dem Sächsischen Bildungsserver.[1] Als Grundstruktur diente folgende Mindmap:

1 Es ist unter der Adresse https://wiki.sachsen.schule/didaktik/index.php/Didaktik_-_Grundlagen_und_Begriffe zu finden.

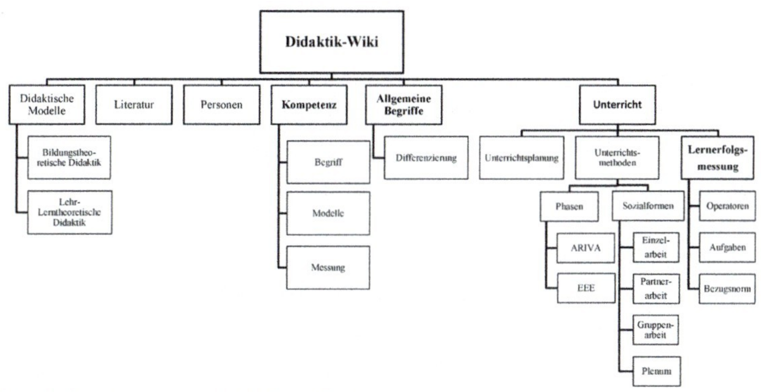

Abb. 1: Mindmap zum Didaktik-Wiki

Diese Grundstruktur findet sich mit den Grundkategorien *Allgemeine Begriffe*, sortiert nach A-Z, *Unterricht, Leistung* und *Kompetenz* im Didaktik-Wiki wieder. Von der Ausgangsseite kommt man zu den einzelnen Seiten, die teilweise miteinander verlinkt sind. Diese Verlinkung ist wichtig, denn ein Wiki lebt nicht nur von der Sammlung an Begriffen, Dokumenten etc., sondern auch von deren Verlinkung untereinander und zu anderen Quellen.

Abb. 2: Hauptseite des Didaktik-Wikis

In einer Arbeitskreissitzung wurde das Wiki vorgestellt und die Lehrenden in den Gebrauch eingewiesen. Durch die einfache Software gelang es bereits in der ersten Sitzung zum Didaktik-Wiki, Seiten zu erstellen. Teilweise wurden auch schon Links, Literaturhinweise und Quellen eingefügt. Im Archiv sieht man, wer auf welcher Seite an welchem Begriff gearbeitet hat, und es kann so im Austausch mit den Publizierenden zu Nachfragen und Ergänzungen kommen. Jeder, der an diesem Wiki selbst mitarbeiten möchte, beantragt beim Wikiadministrator ein Login und kann dann selbst im Didaktik-Wiki aktiv werden. In einzelnen Arbeitsgruppensitzungen, welche zweimal pro Semester stattfinden, wird sich jeweils speziellen Themen zugewandt. So stand in einer Gruppe die innere Differenzierung und Individualisierung im Mittelpunkt. Literaturgrundlage waren u.a. Caspari/Holzbrecher (2016) aus der Fachdidaktik Romanistik, die eine Matrix von Differenzlinien und Differenzierungsmöglichkeiten entwickelten, und Klafki/Stöckner (1985) aus der Allgemeinen Didaktik, die in ihrem Artikel in die drei Dimensionen Unterrichtsphasen, Differenzierungsaspekte und Aneignungs- und Handlungsebenen unterteilen. Den Diskutierenden reichten zwei- und dreigliedrige Einteilungen nicht, es wurden eigene Arbeitsdefinitionen formuliert und komplexere Darstellungen entwickelt. Als Beispiel soll hier die Differenzierungspyramide (vgl. Abb. 3) stehen, die nun in der Grundfläche aus vier Dimensionen besteht. Diese Pyramide verdeutlicht die vielfältigen Varianten von Differenzierungs- und Individualisierungsmaßnahmen im Unterricht. Differenzierungsmöglichkeiten gibt es in der Festlegung der Thematik (u.a. Faktenwissen, Prozesswissen), bei der Auswahl und Formulierung von Aufgaben (Operatoren, Anforderungsniveau, Offenheitsgrad), bei der Wahl bestimmter Phasen des Unterrichts (u.a. Wiederholung, Zusammenfassung) sowie beim Einsatz von vielfältigen Unterrichtsmethoden und Medien. Alle diese differenzierenden und individualisierenden Maßnahmen unterstützen letztendlich die Entwicklung der Kompetenzen und dienen der Erreichung von Lernzielen bei allen Lernenden.

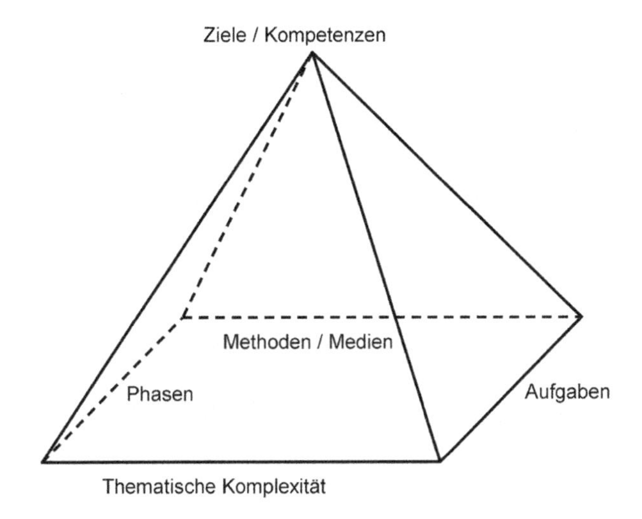

Abb. 3: Die Differenzierungspyramide
(vgl. https://wiki.sachsen.schule/didaktik//index.php/Differenzierung).

Insgesamt entstand mit diesem speziellen Fach-Wiki ein durchaus sinnvolles Arbeitsinstrument. Allerdings zeigen sich nun in der Weiterentwicklung und Nutzung auch diverse Probleme, die abschließend noch differenzierter diskutiert werden sollen.

3. Kritischer Diskurs

Nach der beginnenden Euphorie wird gegenwärtig nur noch selten an dem Didaktik-Wiki gearbeitet. Es entwickelte sich nicht so dynamisch wie erhofft, und leider ist es bisher kein wirkliches Arbeitsinstrument geworden. Um es für Lehrende, Studierende sowie Mentorinnen und Mentoren nutzbar zu machen, muss es weiter gepflegt und entwickelt werden. Auch ist es noch nicht bekannt genug. Der Initiator dieses Wikis, Dr. Sven Hofmann, arbeitet nicht mehr an der TU Dresden. Die Professur Fachdidaktik Informatik ist derzeit nicht besetzt und demnach fehlt ein wichtiger Experte, der gleichzeitig auch Motivator und ‚Motor' dieses webbasierten Projekts sein könnte. Die Mitglieder der beiden Arbeitskreise treffen sich im Semester nur zweimal, oft gibt es dabei immer wieder neue thematische Projekte und Informationen. Nicht alles eignet sich zur Publikation im Wiki und es fehlt in diesen Besprechungen die Zeit, um gemeinsam mit der webbasierten Anwendung zu arbeiten. Die Arbeit am Wiki ist freiwillig und zeitintensiv. Die Teilnehmer müssen motiviert und bereit zur Kommunikation im Netz sein. Die Arbeitskreise können dies nur in Ansätzen steuern. Zwischen den zwei Sitzungen wird kaum allein an dem Wiki gearbeitet und es wird erst recht nicht auf dieser Plattform kommuniziert. Es bewahrheitet sich der Tipp von Ebersbach et. al. (2008, 307): „Setzen Sie zu Beginn keine zu großen Erwartungen in Wikis. Nicht alles ‚funktioniert' sofort. Vergessen Sie nie, dass Sie es bei aller Spontanität mit Gruppen- und längerfristigen Lernprozessen zu tun haben". Autonomes Arbeiten, befristete Arbeitsverträge, halbe Stellen, Arbeit in unterschiedlichen Projekten, vielfältige Arbeitsaufgaben in Forschung, Lehre und Verwaltung begünstigen nicht unbedingt ein kooperatives Lernen und langfristiges gemeinsames Arbeiten am Wiki. Wichtig für den weiteren Ausbau des Didaktik-Wikis sind auch „Service- und Supportangebote für Lehrende. Diese müssen Kenntnisse, Erfahrungen und Instrumentarien insbesondere in den Bereichen Medientechnik, Didaktik und Recht sowie Angebote für die gezielte Erweiterung der vorhandenen didaktischen Kompetenzen der Lehrenden vorhalten" (KMK 2016, 51). Hier könnten in Zukunft evtl. Schulungsangebote des Medienzentrums der TU Dresden genutzt werden. Für das Didaktik-Wiki müssen noch einige Dinge diskutiert und geregelt werden. Es stellen sich z.B. folgende Fragen:

- Wie verhält es sich mit dem Copyright?
- Braucht eine flache Hierarchie einen Experten, der die ‚Fäden in der Hand behält'?
- Ist eine aktive Mitarbeit nur möglich durch ein Login oder sollte der Zugang für jedermann offen sein?

Über eine Wikiquette, Regeln zum partnerschaftlichen Umgang aller Nutzer, müsste mit allen Beteiligten in den Arbeitskreissitzungen ebenfalls diskutiert werden. Es gilt „gemeinsame Spielregeln auszuhandeln, um eine reibungslose Zusammenarbeit zu ermöglichen. Gemäß dem Wiki-Prinzip sollten die eingesetzten Spielregeln auf

ein Mindestmaß reduziert werden, um den kreativen Arbeitsprozess nicht zu behindern“ (Häfele/Häfele 2005, 105).
Trotz aller Probleme bietet ein fachspezifisches Wiki aber auch Potentiale, wie die Diskussion im Workshop in Köln 2018 zeigte. Ein solches Wiki hat viele Einsatzmöglichkeiten: Es kann zu schnellen und spezifischen Informationen genutzt werden, durch Internet und Smartphone ist die schnelle Abrufbarkeit der jeweiligen Seiten im Netz zumeist gewährleistet. Durch das Betrachten des Archivs findet man Ansprech- und Diskussionspartner zu spezifischen Themen. Ein gutes Beispiel für ein ständig weiterentwickeltes spezifisches Wiki ist das LehramtsWiki an der Universität Duisburg-Essen. Es hilft den Studierenden, den Überblick im Studium zu behalten und enthält wichtige Informationen zum Lehramtsstudium an der Universität Duisburg-Essen. In diesem Wiki finden sich Kontaktdaten, aktuelle Termine, Links zu wichtigen Studiendokumenten. In der *Kategorie: Praktikum* werden 27 Seiten angezeigt von A wie Anerkennung von Auslandsaufenthalten bis Z wie Zeitfenstermodell.[2] Finanziert wird das Wiki über Qualitätsverbesserungsmittel der Universität Duisburg-Essen. An der Gestaltung des LehramtsWiki sind mehrere studentische Hilfskräfte involviert, es sind hier also auch kapazitäre Unterstützungen vorhanden, und das Wiki kann dadurch ständig entwickelt und aktualisiert werden. Günstig ist auch, dass es in diesem Wiki eine Verlinkung zu einer Seite ‚Fehler gefunden‘ gibt, hier können die Nutzenden Fragen stellen, auf Lücken aufmerksam machen oder einfach Nachrichten hinterlassen.[3]
Ebersbach et. al (2008) besprechen in ihrem Wiki-Buch neben den vielen Vorteilen ebenfalls die Grenzen der Wikiphilosophie und formulieren, „die bisher bekannten und hier angedeuteten Probleme sind kein grundsätzlicher Showstopper“ (Ebersbacher et al. 2008, 37). Gehen wir deshalb auch im Fall des Didaktik-Wikis vom „verhaltenen Optimismus“ (ebd.) aus. Gibt es in den Arbeitskreisen an der TU Dresden einige Mitarbeiter, die mit Energie und hoher Motivation zusammenarbeiten und die Arbeitsergebnisse ins Wiki einpflegen, so kann es Stück für Stück entwickelt werden. Vielleicht setzt ja sogar

2 https://zlb.uni-due.de/wiki/index.php?title=Kategorie:Praktikum
3 https://zlb.uni-due.de/wiki/index.php?title=Spezial:Kontakt

ein gewisser Welleneffekt ein und weitere Lehrende bringen sich intensiver und regelmäßiger ein. Zu wünschen ist auch, dass Studierende auf das Didaktik-Wiki aufmerksam werden und es zunehmend für Referate, Seminararbeiten und Praktikumsberichte nutzen können. Die Weiterentwicklung des Didaktik-Wikis ist somit kein Selbstläufer, sondern aufwendig und ein langwieriger, anstrengender Prozess. Hoffen wir, dass die längerfristige Weiterentwicklung gelingt!

Literatur

Caspari, Daniela/Holzbrecher, Alfred (2016): Individualisierung und Differenzierung im kompetenzorientierten Französischunterricht. In: Küster, Lutz (Hrsg.): Individualisierung im Französischunterricht. Mit digitalen Medien differenzierend unterrichten. Seelze-Velber, 7–37.

Differenzierung. Online unter: https://wiki.sachsen.schule/didaktik//index.php/Differenzierung. [Zugriff 23.11.2018].

Didaktik-Grundlagen und Begriffe. Online unter: https://wiki.sachsen.schule/didaktik/index.php/Didaktik_-_Grundlagen_und_Begriffe [Zugriff 22.11.2018].

Ebersbach, Anja/Glaser, Markus/Heigl, Richard/Warta, Alexander (2008): Wiki. Kooperation im Netz. 2. Aufl. Berlin und Heidelberg.

Fehler gefunden. Online unter: https://zlb.uni-due.de/wiki/index.php?title=Spezial:Kontakt. [Zugriff 30.11.2018].

Häfele, Kornelia/Häfele, Hartmut (2005). Open-Source-Werkzeuge für e-Tr@inings. Übersichten, Empfehlungen und Anleitungen für den sofortigen Seminareinsatz. Bonn.

Helmke, Andreas (2006): Was wissen wir über guten Unterricht? Über die Notwendigkeit einer Rückbesinnung auf den Unterricht als das Kerngeschäft der Schule. In: Pädagogik, 58, H.2, 42–45.

Kategorie: Praktikum. Online unter: https://zlb.uni-due.de/wiki/index.php?title=Kategorie:Praktikum. [Zugriff 30.11.2018].

Klafki, Wolfgang/Stöckner, Heinz (1985): Innere Differenzierung des Unterrichts. In: Klafki, Wolfgang (Hrsg.): Neue Studien zur Bildungstheorie und Didaktik. Beiträge zur kritisch-konstruktiven Didaktik. Weinheim, 119-154.

KMK (2016): Bildung in der digitalen Welt. Strategie der Kultusministerkonferenz. Online unter: https://www.kmk.org/fileadmin/Dateien/pdf/PresseUndAktuelles/2018/Digitalstrategie_2017_mit_Weiterbildung.pdf [Zugriff 09.02.2019].

LehramtsWiki: https://zlb.uni-due.de/wiki/index.php?title=Hauptseite. [Zugriff 30.11.2018].

3. In eigener Sache

Jutta Walke

Das Selbstverständliche – Zum Selbstverständnis der Bundesarbeitsgemeinschaft Schulpraktische Studien

Im Zuge der Neuorientierung der Bundesarbeitsgemeinschaft Schulpraktische Studien (BaSS) – viele langjährige Mitglieder schieden in letzter Zeit aus, da sie ihr Dienstende erreicht hatten, viele neue Mitglieder kamen hinzu und in vielen Bundesländern wurden neue Praxisphasen mit neuen Ansprüchen entwickelt – hat sich der Vorstand der BaSS mit der Frage beschäftigt, wie auf diese Veränderungen reagiert werden sollte. Zum einen wurde in den vergangenen beiden Jahren die aktive Anwerbung der neuen Kolleginnen und Kollegen, die mit Schulpraktischen Studien befasst sind, schwerpunktmäßig betrieben. Zum anderen hat sich der Vorstand mit der Frage beschäftigt, wie die neuen Mitglieder anzusprechen seien und fachlich integriert werden können, wobei Bewährtes erhalten und Innovation unterstützt werden sollte. Innovation erfolgte und soll erfolgen in Bereichen wie Publikation, AG-Arbeit, Tagungsstruktur usw. Bewährt hat sich die kollegial-kommunikative Weise der Zusammenarbeit: BaSS-Mitglieder hatten und haben ein offenes Ohr für ihre Kolleginnen und Kollegen. Dies führte zu den folgenden grundsätzlichen Überlegungen.

Das Selbstverständliche!

Zum Selbstverständnis gehört das Selbstverständliche. Ein Blick auf die etablierten Strukturen und Traditionen der BaSS zeigt, dass es für diese Arbeitsgemeinschaft selbstverständlich ist,

- Schulpraktische Studien mit Fokus auf den Lerngewinn für die angehenden Lehrerinnen und Lehrer einzurichten, durchzuführen, kritisch zu untersuchen und weiter zu entwickeln,
- in Schulpraktischen Studien als Element universitärer Lehrerbildung die theoriegeleitete Reflexion schulpraktischer Erfahrungen als unverzichtbar anzusehen,
- Schulpraktische Studien als gemeinsame Aufgabe von Hochschule und Schule (je nach Bundesland und dortiger Gesetzes-

lage einschließlich der Ausbildungsseminare der Zweiten Phase) zu betrachten und daher allen in Schulpraktische Studien involvierten Lehrerbildnerinnen und Lehrerbildnern Aufmerksamkeit zu widmen,
- eine Plattform für die Verantwortlichen dieser Prozesse an den Hochschulen zu bieten, also insbesondere den Leitungen der Praktikumseinrichtungen, die ihre Impulse aus den je eigenen Erfahrungen einbringen und die Vernetzung innerhalb der BaSS bereichern können.

Und wie der Name sagt:
- Als Arbeitsgemeinschaft an all diesen Aspekten zu arbeiten – und sie nicht lediglich darzustellen.

Die bundesweite Vernetzung der an den Hochschulen für Schulpraktische Studien verantwortlichen Mitarbeiterinnen und Mitarbeiter ist zentrales Entwicklungsinstrument der BaSS, v.a. um ihnen insbesondere eine Möglichkeit des kollegialen Austausches über inhaltlich-curriculare, methodische sowie organisatorisch-logistische Fragestellungen zu bieten. Der Austausch bildet wiederum ein wichtiges Fundament für die Mitglieder, um in der konzeptionellen Beratung der weiteren für die Lehrerbildung zuständigen Personen an der Hochschule, aber auch den Zuständigen an den Schulen tätig zu sein. Die Bundesarbeitsgemeinschaft versteht sich somit als Motor für die Qualitätsentwicklung und Qualitätssicherung Schulpraktischer Studien in allen ihren bundesweit unterschiedlichen Formaten.

1. Was bedeutet das konkret?

Im Mittelpunkt des gemeinsamen Arbeitens stehen die forschungsbasierte, inhaltlich-konzeptionelle Ausgestaltung und Weiterentwicklung Schulpraktischer Studien: z.B. Lern- und Lehranliegen, Ausgestaltungsmöglichkeiten und -settings, aber auch die Ergebnisse, die Schulpraktische Studien für angehende Lehrerinnen und Lehrer zeigten. Während der jährlichen Arbeitstagungen als zentrales Element der Aktivitäten der Arbeitsgemeinschaft werden in Workshops und Plenumsdiskussionen sowie in anschließenden Stellungnahmen und wissenschaftlichen Veröffentlichungen Ergebnisse und Erfahrungen

geteilt, kritisch diskutiert und Szenarien für die Zukunft der Schulpraktischen Studien ausgearbeitet.
Dabei wird der Blick zuallererst auf die Studierenden gerichtet, in der Folge aber auch auf die Lehrenden an Hochschulen sowie die Begleitungen auf der Schulseite – Ausbildungsbeauftragte und Mentorinnen und Mentoren in den Schulen und zunehmend auch Ausbilderinnen und Ausbilder der Ausbildungseinrichtungen der zweiten Phase, die in einigen Bundesländern bereits in die Schulpraktischen Studien der ersten Phase eingebunden sind. Sie arbeiten alle gemeinsam an der Entwicklung curricularer und organisatorischer Bedingungen, um Studierenden Schule als facettenreichen künftigen Arbeitsplatz erfahrbar und reflektierbar zu machen – z.B. im Kontext der Rollenfindung. Dieser Kernaufgabe stellen sich die Mitglieder der BaSS.

2. Die Ziele und Aufgaben

Die Mitglieder der Bundesarbeitsgemeinschaft haben sich vor dem Hintergrund ihres Selbstverständnisses für ihre Tätigkeit folgende Ziele und Aufgaben gesetzt:
Die Bundesarbeitsgemeinschaft

- bildet eine Plattform für den Dialog zur Weiterentwicklung der in jeder Institution und Region spezifischen Ansätze zur Realisierung Schulpraktischer Studien.
- entwickelt, erprobt, dokumentiert, teilt und evaluiert Varianten der Gestaltung Schulpraktischer Studien.
- erarbeitet Möglichkeiten für die Forcierung des Dialogs zwischen Hochschule, Schule, ggf. Ausbildungsseminaren der Zweiten Phase sowie der Schulverwaltung, um eine Weiterentwicklung des Aufgabenbereiches zu ermöglichen.
- tauscht Informationen über die Entwicklungen der Schulpraktischen Studien in den einzelnen Bundesländern bzw. an den einzelnen Standorten sowie in anderen europäischen Ländern aus.
- formuliert Standpunkte zu bildungs- und hochschulpolitischen Diskussionen und bringt sich in Entscheidungsprozesse für die Verbesserung Schulpraktischer Studien ein.

3. Die Strukturen

Die Bundesarbeitsgemeinschaft arbeitet und wirkt in verschiedenen Formaten: vorrangig durch die jährliche Tagung, darüber hinaus über eine intensive Netzwerkarbeit und eine regelmäßig erscheinende Publikation, sowie themenspezifische Arbeitsgruppen:

Die Tagungen

Im Rahmen der jährlich stattfindenden Arbeitstagung bietet die Bundesarbeitsgemeinschaft eine Möglichkeit zum Austausch und zur Entwicklung von Perspektiven über Themen im Bereich der Schulpraktischen Studien. Neben den Mitgliedern der BaSS richtet sich die Tagung themengebunden jeweils auch an weitere unmittelbar oder mittelbar mit Schulpraktischen Studien beschäftigte Akteurinnen und Akteure: z.B. Dozierende der Hochschulen, die Lehre im Bereich der Schulpraktischen Studien anbieten; Begleitungen aus Schulen/ Studienseminaren; Forschende, die zu Aspekten Schulpraktischer Studien forschen. Die Einladung wird jeweils gemeinsam vom Vorstand und dem tagungsausrichtenden Standort ausgesprochen.

Die Netzwerkarbeit

Die Arbeitsgemeinschaft bildet einen Informationsverbund, der sich untereinander über neue Entwicklungen des Arbeitsfeldes austauscht. Es tragen bspw. über den Vorstand an die Mitglieder der BaSS versandte Mails zu aktuellen Aspekten im Bereich der Schulpraktischen Studien zur Vernetzung bei.

Die Publikationen

Die Bundesarbeitsgemeinschaft veröffentlicht Arbeitsergebnisse zu aktuellen wissenschaftlichen und politischen Entwicklungen im Bereich der Schulpraktischen Studien im Rahmen einer Fachpublikation, die i.d.R. jährlich erscheint.

Die Arbeitsgruppen

Zu spezifischen, längerfristig zu bearbeitenden Themen organisieren sich Teilgruppen der Arbeitsgemeinschaft in Arbeitsgruppen. Dies erfolgt in Rücksprache mit dem Leitungsgremium der Bundesarbeits-

gemeinschaft. Die Arbeitsgruppen informieren die Mitglieder der BaSS regelmäßig über die Ergebnisse ihrer Arbeit – bspw. im Rahmen der jährlichen Tagung oder der Publikation.
Wir hoffen durch unsere Aktivitäten auf das rege Interesse aller mit Schulpraktischen Studien befasster Personenkreise. – Wünschen Sie Kontakt?

Ausführliche Informationen zur Bundesarbeitsgemeinschaft Schulpraktische Studien (BaSS) finden sich hier:
http://www.schulpraktische-studien.de

Verzeichnis der Autorinnen und Autoren

Bulizek, Björn, Universität Duisburg-Essen

Cordes-Finkenstein, Vanessa, Technische Universität Darmstadt

Hänssig, Andreas, Goethe-Universität Frankfurt am Main

Hoffmann, Carsten, Technische Universität Kaiserslautern

Hornung, Gabriele, Apl. Prof. Dr., Technische Universität Kaiserslautern

Host, Henning, Kupferstädter Gesamtschule Stolberg, Universität zu Köln (bis 31.12.2018)

Kaden, Michael, Dr., Ministerium für Bildung, Jugend und Sport des Landes Brandenburg

Kranz, Barbara, Dr., Technische Universität Dresden

Krämer, Astrid, Universität zu Köln

Martin, Alexander, Jun. Prof. Dr., Universität zu Köln

Munsch, Matthias, Dr., Goethe-Universität Frankfurt am Mai

Nebhuth, Julia, Technische Universität Darmstadt

Nieß, Carola, Technische Universität Kaiserslautern

Pfeiffer, Alexander, Martin-Luther-Universität Halle-Wittenberg

Preuß, Christine, Technische Universität Darmstadt

Schöning, Anke, Universität Bielefeld

Strifler, Birgit, Technische Universität Darmstadt

Thyssen, Christoph, Apl. Prof. Dr., Technische Universität Kaiserslautern

Trenkenschu, Kristine, Universität Bielefeld

Walke, Jutta, Dr., Westfälische Wilhelms-Universität Münster

Wiesmann, Mechthild, Universität zu Köln

Winheller, Sandra, Dr., Universität Bielefeld